어쩌다 마주한 이기적 속마음

어쩌다 마주한 이기적 속마음_ 마음과 마음을 공유하는 나만의 심리학

초판인쇄   2019년 01월 10일
초판발행   2019년 01월 15일

지 은 이   공공인문학포럼
발 행 처   스타북스
등록번호   제300-2006-00104호

주   소   서울특별시 종로구 종로1가 르메이에르 1117호
전   화   02)735-1312
팩   스   02)735-5501
이 메 일   starbooks22@naver.com

ISBN   979-11-5795-444-5 03180

ⓒ 2019 Starbooks Inc.
Printed in Seoul, Korea

이 도서의 국립중앙도서관 출판예정도서목록(CIP)은 서지정보유통지원시스템 홈페이지(http://
seoji.nl.go.kr)와 국가자료공동목록시스템(http://www.nl.go.kr/kolisnet)에서 이용하실 수 있
습니다.(CIP제어번호 : CIP2018024157)

마음과 마음을 공유하는 나만의 심리학

어쩌다 마주한
이기적 속마음

공공인문학포럼

스타북스

심리전을 펼치는 흥미진진한 이야기

서로서로 공감공유 하는 마음과 마음

마음은 우리 인생의 모든 인간관계를 원활하게 해준다. 따라서 마음이 사람을 움직이는 것이다. 이 책은 사람이 세상을 살아가는 생활 속의 심리현상들을 실험을 통해 연구, 분석하여 쉽고 재미있게 설명하였다. 또한 일상이나 실전에서 돌출된 심리적 문제점들에 대해 적절한 해결책과 방향을 제시하였다.

사람이 다른 생물과 다른 이유는 사람에겐 사고와 이성, 심리활동이 있기 때문이다. 인간의 심리현상은 복잡하면서 다양하고 또 심오하다.

심리현상은 우리 모두와 밀접한 관계가 있고 우리도 이것에 익숙하지만 어떤 이유로, 어떻게 발생하는지 확실하게 설명하기는 어렵다. 그러나 심리학에서는 과학적인 방법으로 심리현상을 연구, 인간의 심리 활동의 본질을 이론적으로 정립해 여러 분야에서 응용할 수 있도록 했다. 또한 개개인이 자신의 특징을 정확하게 파악하여 사회생활에 잘 적응할 수 있도록 했다.

심리학의 응용범위는 매우 넓다. 사랑, 동기, 범죄, 경제행위, 인간관계, 이상심리, 몸과 마음의 관계 등 인간의 모든 행위를 심리학적으로 연구할 수 있으며 연구 결과를 실생활에 응용할 수 있을 것이다. 이처럼 심리학은 여러 학문과 연관되고 다양한 분야에 응용할 수 있는 중요한 학문이다.

일상에서 일어나는 흥미진진한 재치문답

이 책에서는 심리학 이론에 구애받지 않고 일상생활과 사회에서 자주 발생되는 문제를 소개하고 해결방안을 제시하고자 한다. 이 책을 다 읽고 나면 일상생활에서 쉽게 볼 수 있는 심리현상의 원인을 정확하게 이해해 실생활에서 지혜롭게 대처할 수 있을 것이다.

예를 들어 다음과 같은 문제들이다.

· 왜, 낯선 곳에 가면 시간이 더디게 흐를까?

· 왜, 어떤 문제를 자기가 직접 설명하면 이해가 더 잘될까?

· 왜, 단순작업을 할 때 누가 옆에 있으면 능률이 올라가는데 복잡한 일을 할
때는 능률이 떨어질까?

· 왜, 어떤 물건을 소유하면 종종 관련 제품까지 사고 싶어질까?

· 왜, 자극적이고 위험한 운동을 하고 나면 몸과 마음이 더 가벼워질까?

· 왜, 완벽주의자들은 환영받지 못하는가?

· 왜, 가격을 흥정할 때 세 번을 넘어서는 안 되는가?

위와 같은 흥미진진한 문제들을 심리학의 관점에서 유쾌한 설명과
함께 재치 있는 해답이 담겨있다.

심리학이론은 딱딱하고 어려운 감이 있지만 이 책에서는 가능한 한

쉬운 말과 생동감 넘치는 스토리, 흥미 있는 실험과 구체적인 사례들을 통해 생활 속의 심리 법칙을 소개하였다.

따라서 이 책은 인생을 살아가는 일상의 심리학적 문제들을 정리하여 누구나 알기 쉽게 설명한 지혜의 발전소라고 할 수 있다.

공공인문학포럼

차례

슬기롭게
즐기는
이기는
심리학

1

사람들은 자존심을 지키기 위해
상대의 의견을 무시 한다

\# 반항 심리

일할 때 항상 불만에 차서 '네가 이렇게 하라면 난 저렇게 하겠다.'는 태도를 보이는 사람이 있다. 상식에 위배되는 이런 심리를 '반항심리'라고 한다.

'반항심리'란 자기의 자존심을 지키기 위해 상대방의 요구와 상반된 태도를 취하거나 정반대되는 말을 하는 심리를 말한다.

심리학자들이 흥미로운 실험을 진행했다. 모 대학 남자 화장실에 '낙서금지' 팻말을 걸어 놓았다. 팻말 중 하나에는 '대학경찰보안국 국장' 명의로 강력한 어조를 담아 '낙서엄금!'이라고 썼다. 다른 하나에는 '대학경찰위원회' 명의로 비교적 부드러운 어조로 '낙서하지 마세요.'라고 썼다. 그리고 두 시간마다 팻말을 바꿔 달면서 화장실 안의 낙서 숫자를 세어보았다. 그 결과 '낙서엄금! 대학경찰보안국 국장'이라고 쓴 팻말을 달았을 때 낙서율이 더 높은 것으로 나타났다. 이 실험은 강력하게 금지하고 권위를 내세울수록 사람들의 반항심리가 강해진다는 것을 보여준다.

그렇다면 인간은 왜 반항하는 것일까?

바로 자신의 가치관을 보호하기 위해서다. 가치관은 인간이 자신의 삶을 사랑하고 삶의 의의를 추구하는 심리적 토대다. 누구나 이 사회에서 가치 있게 살기를 바란다. 때문에 개인의 가치관이 공격받으면 자연스럽게 보호심리가 생겨 외부의 충고와 설교를 거부하는 것이다.

이야기 심리학

사회규범이 엄격할수록 한번 시험해보고 싶고, 금지하는 행동일수록 더 하고 싶어지는 법이다. 이것이 바로 인간의 보편적인 심리다.

역대 통치자들은 자신이 생각하기에 간음과 절도 등의 '음란한' 내용이 담겼다고 판단되는 책들을 '금서(禁書)'로 지정했다. 예를 들어 중국 명대의 장편소설 《금병매(金甁梅)》나 서양 작가인 사드

(Marquis de Sade), 오스카 와일드(Oscar Wilde), 로렌스(David Herbert Lawrence) 등의 작품들이 바로 그것이다. 그러나 금지한다고 해서 이런 책들이 자취를 감춘 것은 아니다. 금서로 지정되어 오히려 더 유명해졌다.

한편 반항 심리를 역으로 이용하여 자신의 목적을 이루는 사람들도 있다.

감자가 미주에서 프랑스로 건너왔을 때 사람들은 감자가 인체에 유해하다고 생각했다. 그러나 독일에서 감자를 먹어본 프랑스의 농학자 파르망티에(Antoine Augustine Parmentier)는 프랑스에도 감자를 전파해야겠다고 생각했다.

1787년 그는 국왕의 허가를 얻어 감자를 심었다. 그리고 반 무장을 한 국왕 친위대에게 이곳을 지키도록 했다. 경비대는 낮에만 밭을 지키고 밤에는 돌아갔다. 호기심이 생긴 사람들은 밤에 몰래 감자를 캐다가 직접 요리를 해서 먹었다. 예상과는 다르게 꽤 맛이 있었다. 이렇게 해서 감자가 널리 보급되었던 것이다.

현명한 상인들은 소비자의 이런 심리를 이용해 돈을 번다. 가게 앞에 'ㅇㅇ품절'이라고 붙여 놓고 소비자가 와서 물으면 '이미 다 팔렸다.'고 말한다. 그러면 소비자의 구매욕이 더 자극되는데, 바로 이때 마침 하나가 남았다고 하면 소비자는 대번에 구매한다.

광고에서도 반항 심리를 교묘하게 이용한다. '50명까지'라는 광고 카피는 어떤 상품이 50개밖에 안 남았다는 뜻인 동시에 '50명 이후는 살 수 없다.', '50명 안에 들어야 우대받는다.'고 암시하는 것이다.

어떤 일을 못하게 할 때는 무조건 금지시키지 말고 인내심을 가지고 말로 설득하자. 무조건 금지시키면 상대의 반항 심리를 자극하여 원하지 않는 결과를 초래할 수 있으니 말이다.

부모라면 자녀의 행동을 무조건 통제하려고 하지 말자. 이것은 아이들의 호기심과 반항심을 더 자극할 뿐이다. 논리적인 설명으로 이해시키고 지도해야 아이들이 건강한 가치관을 형성할 수 있다.

강한 자극이 오래 지속되면
회피하거나 반항하게 된다

한계 효과

인간이라는 유기체는 어떤 자극을 자주 받으면 자연스럽게 도피반응을 보인다.

이것은 인간의 본능에서 나온 일종의 자아 보호적 심리반응이다. 강한 자극이 자주, 장기간 지속되면 심리적 회피현상이나 반항 심리가 생기는데 이것을 '한계효과'라고 한다.

이야기 심리학

유명한 작가 마크 트웨인(Mark Twain)이 교회에서 목사의 설교를 듣고 있었다. 처음에 그는 목사의 설교에 감동하여 설교가 끝나면 자기가 지금 가진 돈 전부를 헌금해야겠다고 마음먹었다.

그러나 10분이 지나도 목사의 설교는 끝날 줄 몰랐다. 점점 지겨워지기 시작한 마크 트웨인은 가지고 있는 잔돈만 내야겠다고 생각했다. 또다시 10분이 지났지만, 목사의 설교는 여전히 계속됐다. 마크 트웨인은 불만스러운 마음에 한 푼도 내지 않겠다고 생각했다. 드디어 목사의 길고 긴 설교가 끝나고 헌금 내는 시간이 되었다. 마크 트웨인은 헌금을 하지 않았을 뿐 아니라 오히려 헌금함에서 2달러를 슬쩍 빼냈다.

이는 목사의 설교가 너무 길어 심리적 '한계상황'에 놓인 마크 트웨인이 처음과는 상반된 심리적 반응을 보인 것이다.

일상생활 속에서도 이런 일은 흔하다. 부부싸움을 할 때 대부분 두 사람 중 한 명이 먼저 상대에게 불만과 원망을 쏟아낸다. 그러나 대부분 한마디면 되는 것을 끊임없이 되풀이해서 이야기해 상대의 화를 돋우어 불필요한 싸움을 일으킨다.

이같이 인간의 심리는 어떤 정서를 수용할 수 있는 한계가 있다.

아이가 열심히 공부하지 않거나 시험을 못 봤을 때는 스스로 미안함과 죄책감을 느낀다. 그러나 부모가 계속 야단치면 '흥, 나는 그냥 이렇게 할 거야!' 하며 반항한다.

따라서 부모가 아이를 야단칠 때도 일정 한도를 넘어서는 안 된다. 또한 '잘못한 바로 그것만' 야단쳐야 한다. 부득이하게 같은 문제에 대해 다시 야단쳐야 한다면 그때는 이야기의 관점과 방법을 바꿔 반복을 피해야 한다.

어떤 말을 할 때 먼저 상대방의 심리적 수용한계를 잘 살피자. 정도가 지나치면 자칫 반감만 일으킬 수 있다.

사람들은 자신이 얻은 것은
좋은 것이라 여긴다

신포도 콤플렉스와 단 레몬 콤플렉스

이솝우화에 나오는 '여우와 신포도' 이야기를 다 알고 있을 것이다. 여우가 포도가 먹고 싶어 몰래 포도밭으로 들어갔다. 그런데 포도가 너무 높은 곳에 달려 있어 따먹을 수가 없었다. 그러자 여우는 이 포도는 시어서 맛이 없을 거라고 생각해버렸다는 이야기다.

사람도 마찬가지로 어떤 목표를 달성하지 못하면 자신을 합리화하기 위해 목표를 '별 가치가 없는' 것으로 치부하고 스스로를 합리화하고 위안한다. 이런 현상을 '신포도 콤플렉스'라고 한다.

이와 반대로 어떤 사람이 포도는 얻지 못했지만 자기 손에 레몬이 있다면 그 레몬을 달다고 말한다. 탐탁지 않지만 일단 자기 손에 있으니 좋다고 생각하고 심리적 실망이나 불만을 감소시킨다. 이것을 '단 레몬 콤플렉스'라고 한다.

이 두 가지 심리적 방어는 사실 같은 것이다. 자기가 진정으로 원하는 것을 얻지 못해 좌절할 때 심리적 불안을 덜기 위해 적당한 '구실'을 만들어 자신을 위로하는 것이다.

이야기 심리학

'신포도 콤플렉스'와 '단 레몬 콤플렉스'는 일상생활에서 자주 찾아볼 수 있다.

어떤 대학생이 모 기업에 입사지원서를 냈다. 1차 시험에서 낙방하자 주위사람들에게 이렇게 말했다. "원래 그 회사에 관심 없었어. 그냥 다른 애들이 한번 지원해보라고 떠밀어서 해본 것뿐이야."

폐쇄적인 성격의 A씨는 인간관계가 매우 좁아 때때로 외로움을 느낀다. 그러나 그는 항상 자신을 합리화한다. "저 사람은 성격이 괴팍해서 피곤하고 또 저 사람은 인간관계가 나빠 내 앞길에 도움이 안 돼."

쇼핑을 좋아하는 B가 신나게 옷을 사서 집에 돌아왔다. 그런데 다시 보니 가격도 비싸고 색상도 마음에 들지 않았다. 그러나 다른 사람에게 말할 때는 이게 올 유행스타일이라 좀 비싸지만 그럴 만하다고 강조한다.

이뿐만이 아니다. 실수로 제일 아끼는 그릇을 깨뜨리거나 도둑을 맞으면 '액땜했다'고 하고, 자기 아이가 공부도 잘 못하고 재능도 없으면 '평범한 사람은 또 평범한 행복이 있다.'고 말한다.

중국의 유명한 작가 루쉰(魯迅)의 소설 속의 인물 아큐에 대해 들어본 적이 있을 것이다. 정신승리법으로 유명한 아큐의 이런 정신을 '아큐정신'이라고 부른다. 예를 들어 그는 무일푼의 가난뱅이인데 사람들에게 "예전에는 내가 당신보다 훨씬 잘 살았는데 이까짓 게 뭐 대수야?" 하고 소리친다.

이런 자기기만적 심리가 모두 신포도 콤플렉스와 단 레몬 콤플렉스이다. 이런 심리는 한때 사람들의 비웃음을 사고 부정당했지만, 심리학적 측면에서 보면 적당한 정신승리법이나 자기 위안은 심리적 균형과 정신 건강을 유지하는 데 긍정적인 역할을 한다.

신포도 콤플렉스와 단 레몬 콤플렉스는 절망과 좌절에 대항하려는 심리적 현상으로 우울함에서 벗어날 수 있게 도와준다. 도달하고 싶지만 이룰 수 없는 목표를 완화함으로써 잠시 편안한 마음 상태를 유지하게 한다.

누구나 살면서 생각지도 않았던 일을 겪는다. 시합에서 지거나 아끼던 물건을 도난당하거나 친구와 오해가 생기거나, 실연을 당하거나, 가까운 사람이 죽거나 등등. 이 중에는 우리가 변화시키거나 돌이킬 수 없는 일도 있다. 따라서 그런 상황이 닥치면 슬퍼하거나 탄식하지만 말고 자기 위안을 통해 심리적 균형을 유지하자.

원하는 것을 얻지 못할 때
다른 것으로 대체 한다

보상 심리

도저히 넘을 수 없는 장벽에 부딪혔을 때 처음 목표를 포기하고 비슷한 목표를 이룸으로써 만족을 얻는 경우가 있다. 이것을 '보상심리'라고 한다.

테니스를 하려는데 비가 온다면 실내에서 탁구를 칠 수 있다. A기업에 입사하고 싶었는데 불합격했다면 조건이 비슷한 B기업에 들어갈 수도 있다. 여기서 B는 A를 대신하는 가치다. 그러나 B가 A에 비해 너무 쉽게 얻을 수 있는 것이거나 가치가 훨씬 떨어진다면 A를 대신할 수 없다. B와 A가 비슷하고, B를 얻기 위해서 A와 비슷하거나 더 많은 노력을 해야 할 때 비로소 B가 A를 대신할 수 있는 것이다.

한 연구소에서 일하는 양 대리는 정직하고 성실한, 연구소에서 인정받는 직원이다. 그러나 그는 몇 년이 지나도록 그토록 원하는 엔지니어의 직함을 얻지 못했다. 납득할 수 없는 일이었지만 그렇다고 달리 뾰쪽한 방법이 있는 것도 아니었다. 그래서 그는 갈수록 우울해졌고 때론 작은 일로 다른 사람에게 화를 냈다.

연구소 동료 이 대리의 상황도 비슷해 엔지니어 승급 심사에서 몇 차례나 떨어졌다. 이 대리도 처음에는 낙담했지만 곧 자기가 해결할 수 있는 문제가 아님을 깨달았다. 또한 자기 때문에 가족과 동료가 자기의 눈치를 보면서 긴장한다는 것도 알게 되어 마음을 고쳐먹기로 했다. 그는 힘을 내서 더 열심히 일했다. 몇 년 동안 영어도 배우고 비즈니스 관리에 관한 공부도 했다. 후에 그는 민간 과학기술센터를 설립해 크게 성공했다.

양 대리와 이 대리는 같은 일을 겪었지만 대처하는 자세는 달랐다. 한 사람은 우울해하고 소극적이었고, 다른 한 사람은 밝고 적극적이었다. 그 이유는, 양 대리는 오로지 '승진 하나에만 목맸을 뿐' 다른 길은 모색하지 않았기 때문이다. 이렇게 유일한 희망이 사라지면 누구라도 맥이 빠져 활기를 잃게 마련이다. 그러나 이 대리는 달랐다. 그는 적극적으로 활로를 모색했다. 승진에서 떨어진 것을 전화위복으로 삼은 것이다. 이것이 바로 '보상심리'이다.

보상심리를 통해 실의와 슬픔에서 빠져나올 수 있고, 새로운 목표를 설정하고 노력할 수도 있다. 그래서 때로는 더 가치 있는 것을 얻기도 한다.

보상심리는 또 다른 긍정적인 효과가 있다. 즉 자신의 욕구를 만족시키기 위해 시작한 일이 결국 사회적으로 높은 평가를 받을 수도 있다.

예를 들어 공격심리를 발산하기 위해 권투를 시작했는데 유명한 권투 선수가 된 사람도 있고, 다른 사람에 대한 질투심을 노력의 발판으로 삼아 사업에 성공한 사람도 있다.

어떤 일에 실패하거나 결과가 실망스럽다고 낙담하지 말자. '처음의 실패'가 '다른 성공'으로 이어질 수도 있으니 말이다. 차선책을 선택해 성공하면 실망감이 자신감으로 승화되어 심리적 균형을 회복할 수 있다. 그리고 새로운 상황이 전개될 수도 있다.

대부분의 사람들은
정서에도 주기가 있다

정서주기 법칙

일 년에 사계절이 있는 것처럼 인간의 정서에도 주기가 있다. '정서주기'란 한 사람의 기분이 좋을 때와 나쁠 때가 교차되는 데 걸리는 시간이다. 이는 인체 내부의 주기적인 긴장과 이완 규칙이 반영된 것으로 '정서 바이오리듬'이라고도 한다.

사람은 정서주기의 고조기에 있을 때 강한 생명력을 보이며 친절하고 상냥하다. 또한 감정도 풍부해지고 일도 열심히 하고 다른 사람의 충고도 잘 받아들인다. 반대로 정서주기의 저조기에는 쉽게 초조하고 신경질적이며 반항심리가 생긴다. 게다가 기분이 변화무쌍하고 외롭고 고독함을 잘 느낀다.

그렇다면 자신의 '정서주기'를 어떻게 알 수 있을까? 과학자들은 연구를 통해 정서주기는 태어날 때부터 시작해 일반적으로 28일을 주기로 반복된다는 것을 발견했다. 정서주기의 전반부는 '고조기'이고 후반부는 '저조기'이다. 고조기와 저조기 사이의 과도기를 '임계기(臨界期)'라고 한다. 일반적으로 2~3일이다. 임계기에는 정서가 불안하고 인체 각 기능 간의 조화가 떨어져 사고가 발생하기 쉽다.

이야기 심리학

한 여자가 정신과를 찾아와 의사에게 하소연했다. 이유인즉슨 자기 남편은 다 좋은데 매달 말이면 항상 자기와 아들에게 갑자기 화를 낸다는 것이다. 이에 의사는 남자들의 정서주기가 저조기에 있을 때 나타나는 현상이라고 알려주었다.

회사에 다니는 샤오황은 자신의 기분이 마치 병처럼 일정 주기로 달라지는 것을 발견했다. 일정 주기로 이상하게 하루 종일 답답하고 우울하고 사람이 싫어지면서 아무것도 하기 싫어졌다. 이런 상태는 업무는 물론 동료들과의 관계에도 영향을 미쳤다. 그는 매우 당황스러웠지만 어떻게 할 수가 없었다. 나중에 심리 전문가의 말을 듣고서야 정서주기 때문이라는 사실을 알게 되었다.

심리학자들은 간헐적이고 경미한 정서 불균형이나 심리적 이상은 모든 사람에게 나타나는 것이며, 사람마다 이를 발산하는 방법이 다르다고 지적한다. 그렇다고 해서 함부로 발산하면 다른 사람은 물론 자신에게도 상처를 줄 수 있다고 한다.

정서주기는 인간 감정을 가늠할 수 있는 척도로 이에 따라 자신의 삶을 조정할 수 있다. 정서 고조기에는 어렵고 복잡한 일을 하고, 저조기에는 산책과 스포츠를 하여 잡념을 버리고 긴장을 완화시키자. 아울러 가족이나 친구에게 고민을 털어놓고 심리적 지지를 얻어 이 시기를 안전하게 넘기자. 또한 저조기와 임계기에는 정신을 더 바짝 차려 자기를 잘 컨트롤하여 불미스런 일을 예방하자.

감정을 표출하면 심신건강은 물론
업무 효율도 높인다

호손 효과

사회라는 큰 무대에서 사회적 역할을 수행하다 보면 항상 이런저런 충돌이 빚어지게 마련이다. 이런 충돌을 완화하는 좋은 방법은 '호손 효과' 혹은 '배설 효과'를 이용하는 것이다.

이 명칭은 '호손 공장'이라는 이름에서 따온 것이다. 호손 공장에서는 업무 효율을 높이기 위해 심리학자를 포함한 몇몇 전문가를 초빙하여 약 2년 동안 직원 2만 명에게 상담 서비스를 제공했다. 전문가들은 상사에 대한 의견과 불만을 참을성 있게 들어주면서 직원들이 불만을 마음껏 발산하도록 했다. 그 결과 호손공장의 업무 효율이 크게 높아졌다.

이런 현상을 '호손 효과'라고 한다.

이야기 심리학

우리는 살면서 셀 수 없이 많은 희망과 기분의 변화를 경험한다. 그러나 이것들 중 실현되거나 만족스러운 것은 별로 없다. 어떤 사람은 실현되지 않은 바람이나 충족되지 않은 정서는 꼭꼭 누르고 참아야 한다고 생각한다. 하지만 이런 것들을 표출하지 않고 계속 마음에 쌓아두면 건강만 해칠 뿐이다. 억제할 때는 의식하지 못해도 마음 깊숙한 곳에 불만이 늘 자리 잡고 있기 때문이다.

이것은 마치 저수지의 물과 같아서 배출하지 않으면 수위가 점점 높아진다. 불만의 수위가 높아질수록 심리적으로 외부와 단절되어 고독감도 깊어진다. 또한 어느 순간 불만이 한꺼번에 폭발하면 이상 행위는 물론 심지어 정신이상이 발생할 수도 있다.

심리학자들은 정서를 조절하는 가장 좋은 방법은 표출이지 참는 게 아니라고 충고한다. 예를 들어 슬프다면 슬픈 영화라도 보면서 평평 울어야 한다. '남자는 함부로 울어선 안 된다.'라는 말은 잊어버려도 좋다.

호손 효과에서 알 수 있듯이 나쁜 기분은 제때 표출하는 것이 심신

건강에도 좋고 조직 내의 업무효율을 높이는 데도 도움이 된다.

파나소닉(Panasonic)의 산하 기업에는 '정신건강실' 또는 '화풀이실'이라고 부르는 방이 있다. 기분이 나쁘거나 불만이 있으면 이 방에 와서 몽둥이를 잡고 고무로 된 사장 인형을 마구 때리면서 화를 푸는 것이다. 이렇게 화를 풀고 나면 직원들은 심리적 균형을 되찾아 상사에 대한 불만이 업무나 대인관계, 더 나아가 업무에까지 영향을 주는 것을 방지한다.

일상생활에서도 기분이 나쁘면 그때그때 표출하는 것이 가장 좋다. 그렇다고 해서 뒷일을 고려하지 않거나 때와 장소를 구분하지 않아도 된다는 뜻은 아니다. 자신의 기분을 풀기 위해 다른 사람에게 상처를 주는 것은 부도덕한 행위다. 친구와 대화를 하거나 일기를 쓰거나 노래를 하거나 운동을 하는 등 다른 사람에게 피해를 주지 않고도 감정을 표출하는 방법은 얼마든지 있다.

나쁜 기분은 제때 해소해야 심신건강에 좋다. 단, 감정을 표출할 때는 다른 사람에게 피해를 주면 안 된다.

심한 자극 뒤에는
오히려 편안함이 몰려온다

아드레날린 증후군

자동차경주, 오토바이 경주, 스키, 암벽등반, 무술, 스카이다이빙, 서핑, 행글라이더, 번지점프 등 위험하고 자극적인 스포츠를 유난히 좋아하는 사람들이 있다. 이들은 왜 이런 위험한 스포츠에 빠져드는 것일까?

바로 흥분, 공포, 그리고 짜릿함과 긴장 등 독특한 심리적 경험을 할 수 있기 때문이다. 이것을 '아드레날린 증후군'이라 한다.

이런 위험이 가득한 스포츠가 주는 자극과 전율을 통해 답답한 일상과 고민에서 벗어나는 것이다. 또한 심리적 긴장감과 걱정은 물론 우울함도 해소되고 자신을 한층 업그레이드할 수 있는 활력도 생긴다. 그러나 이것이 모든 사람에게 적용되는 것은 아니다.

이야기 심리학

올해 서른두 살인 마크는 대기업에서 회계를 담당한다. 그는 매일 상사의 잔소리, 다양한 문제와 각종 기획안에 파묻혀 지낸다. 게다가 각종 중요한 회의에 참석해 의견을 내야 한다.

"매주 60시간 이상 근무하는 것 같아요. 매일매일 새벽별 보고 출근해서 저녁별을 보면서 퇴근합니다. 책임이 막중해 그만큼 스트레스도 많이 받아요. 하지만 많은 사람이 원하는 자리여서 잠시라도 게을리하면 바로 해고당할 겁니다."

이후 그는 친구에게서 효과적인 스트레스 해소법을 소개받았다.

"주말에 스키 탈 때가 가장 신나요. 모든 것에서 해방되는 것 같아요. 산 정상에서 은색으로 빛나는 설원을 바라보고 있으면 마치 딴 세상에 와 있는 것 같다니까요. 귓가를 스치는 바람소리를 들으며 달리면 모든 것이 순식간에 눈앞을 스쳐갑니다. 그러면 앞으로 계속 나아가야겠다는 용기가 생기는데, 바로 그때 일과 스트레스 따위는 다 날아갑니다."

"스키를 타고 오면 제 몸의 세포가 모두 새롭게 바뀐 것 같은 느낌이 들어요. 가볍고 자유롭고, 정신도 맑아지죠. 월요일에 출근하면 활력이 충만해졌음을 느낄 정도랍니다."

이것이 바로 스키가 가져다준 '아드레날린 증후군'의 결과다. 마크는 극도의 자극을 받은 뒤에 극도의 해방감을 맛보게 된 것이다.

일반적으로 업무 스트레스가 큰 사람일수록 이런 독특한 해소 방식을 좋아한다.

회사원인 샤오톈도 독특한 방법으로 스트레스를 해소한다. 그녀는 인간볼링게임을 즐긴다. 공 모양의 옷을 입고 바닥을 데굴데굴 굴러서 인간 볼링 핀을 쓰러뜨리는 것이다.

처음 했을 때는 온 천지가 빙글빙글 도는 것같이 어지럽고 속이 메스꺼웠지만 나중엔 눈앞이 환해지면서 마치 새 생명을 얻은 것 같은 기분이 들었다고 한다. 그녀는 말했다. "복잡하고 자잘한 고민들이 다 날아갔어요." 바로 이러한 이유 때문에 '번지점프' 등 극한의 레저 스포츠가 점점 각광받는 것이다.

막중한 스트레스로 몸과 마음이 지칠 때가 있다. '긴장과 휴식을 적절하게 병행해야 한다.'는 말이 있는 것처럼 지나친 긴장은 심신건강을 해치고 업무에도 지장을 준다. 그러므로 스트레스를 해소하고 활력과 열정을 회복하기 위해 감당할 수 있는 범위 내에서 이런 자극적인 스포츠에 도전 해보자. 아드레날린 증후군을 경험하면 최상의 컨디션을 회복할 수 있을 것이다.

복수는 복수를 낳아
영원히 빠져나올 수 없다

헤라클레스 효과

그리스 신화에 나오는 헤라클레스가 하루는 길을 걷다가 흉물스럽게 생긴 주머니를 발견했다. 헤라클레스는 그것을 밟아버렸다. 그런데 주머니가 터지기는커녕 두 배로 부풀었다. 이에 자극을 받은 헤라클레스는 들고 있던 나무 몽둥이로 그 이상한 주머니를 내리치기 시작했다. 그런데 주머니는 때릴수록 부풀어 올라 길을 막을 정도로까지 커지는 것이 아닌가?

씩씩대는 헤라클레스 앞에 한 노인이 나타나 말했다. "화내지 말고 그냥 가게나. 이것은 증오의 주머니로 그냥 내버려두면 처음처럼 작아질 것일세. 그러나 자네가 계속 건드리면 점점 커져 자네와 끝까지 맞설 것이네."

원한은 이 증오의 주머니처럼 처음에는 매우 작다. 그것을 모른 척하거나 잘 해소하면 그 주머니는 곧 사라질 것이다. 하지만 원한을 원한으로 갚겠다고 생각하면 계속 커져 결국에는 자신만 손해를 보게 된다. 이것을 '헤라클레스 효과'라고 한다.

이야기 심리학

오해나 질투로 감정이 상하는 경우가 종종 있다. 이것을 참지 못하고 되갚아주면 상대는 온갖 방법을 동원해 당신에게 다시 복수할 것이다. 만약 당신이 여기서 멈추지 않고 또 그대로 갚아주면 상대는 더 독한 방법으로 복수해 올 것이다. 결국 복수는 양쪽 모두 만신창이가 될 때까지 계속될 것이다.

한 동네에 사는 갑과 을은 사이좋은 이웃이었다. 어느 날 두 집 아이들이 싸움을 했는데, 부모들이 원만하게 처리하지 못해 서로에 대한 '미움'이 싹텄다. 하루는 갑이 을이 키우는 개한테 화풀이를 했다. 그러자 이번에는 을이 사료에 약을 타 갑의 닭들을 죽여 버렸다. 이렇게 서로 보복을 되풀이하다 결국 한 집이 다른 집에 불을 지르는 지경에까지 이르렀다.

이 얼마나 어리석은 행동인가? 이성이 있는 사람이라면 이런 행동은 어리석음의 극치라고 생각할 것이다. 그러나 막상 당사자가 되면 달라진다. 자신의 마음속에 있는 '증오의 주머니'가 처음 자극 받았을 때 참지 못하면 점점 커져 결국 자신에게 돌이킬 수 없는 손해가 돌아온다.

때문에 원한과 증오의 감정이 생긴다고 바로 보복할 것이 아니라 큰일은 작게 만들고, 작은 일은 아예 없었던 일로 여기면서 참아야 한다. 이와 관련해 중국 명(明)나라 양저의 행동은 귀감이 되기에 충분하다.

닭을 잃어버린 양저의 이웃이 닭을 훔친 도둑은 바로 양저라고 소문내고 다녔다. 그러나 양저는 오히려 "양씨가 나 한 사람이 아닌데 그냥 내버려두세요." 하고 말했다.

또 다른 이웃은 비가 올 때마다 자기 집 마당에 고인 물을 양저의 집으로 흐르게 했다. 때문에 양저는 악취와 습기로 고생했다. 이 사실을 알게 된 양저는 "비오는 날보다 맑은 날이 많으니 괜찮다."고 말했다.

이웃들은 이런 양저의 인내심과 포용력에 감복했다. 그래서 이웃들은 도적떼들이 양저의 집을 노린다는 소문이 돌자 자발적으로 조직을 만들어 밤새 그의 집을 지켰고, 덕분에 양저는 도적들의 습격을 면할 수 있었다.

적대적인 사람에게는 아예 신경조차 쓰지 말자. 아니면 상대방의 적대적인 마음이 우호적으로 바뀌도록 돕자. 미움을 미움으로 갚는다면 결국 양쪽 모두 상처와 후회만 남을 뿐이다.

마음을 읽고
사람을 얻는
심리전의
비밀병기

2

언어, 행동, 표정 등의 메시지로
다른 사람을 바꿀 수 있다

심리암시 작용

심리암시란 저항이 없는 상태에서 언어, 행동, 표정, 기호 등으로 다른 사람의 생각과 행동에 영향을 미치는 것을 말한다.

암시는 설명 없이 직접 메시지를 보내는 것으로 미국의 '금연전화' 가 좋은 예다. 흡연자가 '금연전화'에 전화를 걸면 어떤 설명도 없이 그저 힘겹게 숨을 헐떡거리며 기침하는 소리만 들려온다. 이런 소리를 들려줌으로써 흡연자가 흡연이 건강에 백해무익하다는 사실을 깨닫게 하여 금연할 수 있도록 도와주는 것이다.

우리는 일상생활에서 언어, 행동, 표정, 기호 등 다양한 종류의 암시를 접한다. 예컨대 예쁜 옷을 입은 마네킹은 '이 옷 참 예뻐요. 들어와

사가세요!'라는 암시를, 옷가게에서 옷을 막 구입한 사람은 자신의 행위로 암시를 한다. 옷을 막 구입한 사람의 만족스러운 표정은 표정의 암시이며, 그가 옷을 칭찬하는 것은 언어의 암시이다. 직접적으로 옷을 사라고 선전하지는 않지만 기호, 행동, 표정, 언어와 같은 암시를 통해 광고효과를 거두는 것이다.

그렇다면 우리는 왜 암시에 약할까? 인간의 판단과 결정은 인격의 '자아' 부분에서 이루어지는데, 여기에서 개인의 필요와 환경적 제약을 종합해서 결론을 내린다. 이런 판단과 결정을 '주관'이라고 한다. 세상에 완벽한 사람은 없고 모든 사람이 다 뚜렷한 주관을 갖고 있는 것은 아니다. 그리고 자아는 불완전해서 외부의 영향을 쉽게 받기 때문에 다른 사람의 암시에 넘어가는 것이다.

보통 자아가 약하고 미숙할수록 다른 사람의 암시에 쉽게 넘어간다.

이야기 심리학

파티나 모임에서 처음 먹을 때는 별로 맛이 없던 음식이 주인의 자세한 설명을 듣고 나면 더 맛있게 느껴진 적이 있을 것이다. 혹은 "너 요즘 왜 이렇게 말랐어? 어디 아픈 거 아니야?"하는 회사 동료의 말에 처음에는 아무 느낌이 없다가 점차 머리가 무겁고 온몸이 아파와 병원에 갔는데 아무 이상이 없었던 경험이 있을 것이다.

우리는 매일 다양한 광고를 접한다. '날마다 만나요, 다바오!(大寶 : 중국 화장품 브랜드-역자)' '올 명절 선물은 나오바이진으로!(腦白金: 중국 건강식품 브랜드-역자)' 등, 이런 광고에 자주 노출되면 귀에 익고 친숙해져 물건을 살 때 자기도 모르게 광고에 나왔던 브랜드를 선택하게 된다.

이 모두가 심리암시이다. 심리암시는 언어나 동작 또는 다른 방법으로 우리의 마음과 태도, 그리고 행위에 영향을 미친다. 사기꾼들도 종종 심리암시를 이용한다. 중국 중앙텔레비전방송국(CCTV)의 설 특집 쇼 중 '목발을 팔다(賣拐)'라는 코너에도 심리암시를 이용해 사기를 치는 장면이 나온다. 자오번산(趙本山)은 다리가 멀쩡한 판웨이(範偉)에게 목발을 팔기 위해 계속 "네 다리가 한쪽은 길고 한쪽은 짧다."고 말한다. 이 말에 판웨이는 점점 자신의 다리에 정말 문제가 있다고 생각하고, 결국 목발을 산다. 사실상 판웨이는 자오번산의 끈질긴 심리암시에 보기 좋게 넘어간 것이다.

그러나 의학적 측면으로 보면 심리암시는 치료 효과도 있다. 한 환자가 병원에 찾아와, 몸이 아파 죽겠는데 어떤 약을 먹어도 낫지 않는다고 하소연했다. 진찰 결과 이 환자는 '건강염려증'이었다. 의사는 환자에게 환자의 병은 'ㅇㅇ증후군'이라고 설명해 주었다. 그리고 마침 이 병에 특효인 신약이 개발되었으니 주사 한 대만 맞으면 삼일 후엔 완쾌될 것이라고 말했다. 삼일 뒤 환자는 정말 완쾌되었는데, 사실 환자가 맞은 주사는 포도당이었다. 의사는 말로 설명해봐야 소용없다는 사실을 알고 심리암시를 이용해 환자의 마음의 병을 치료한 것이다.

심리암시는 다른 사람에 대한 암시와 자기암시로 구분할 수 있다. 그 중 자기암시는 마음을 안정시키는 데 효과적이다. 심리학자들은 인간의 의식이나 잠재의식은 비옥한 땅과 같아서 자기 자신에게 심리암시를 하는 것은 이 땅에 씨를 뿌리는 것과 같다고 말한다.

긍정적 암시나 부정적 암시는 우리의 마음은 물론 행동에도 막대한 영향을 끼친다. 예를 들어 연설이나 면접 전에 실수하는 장면만 계속 상상하면, 실전에서 제 실력을 발휘하지 못하고 실패할 가능성이 높다.

반면 '나는 할 수 있어! 잘 해낼 거야!'라는 긍정적인 심리암시를 하면 실전에서 자신의 능력 이상을 발휘할 수 있을 것이다.

자신에게 긍정적 암시를 하여 항상 최상의 컨디션을 유지하자. 부정적 암시가 자신의 마음에 부정적인 영향을 미치지 않도록 항상 살피자. 또한 거짓 암시를 경계하자.

지식을 체계적으로 기억하면
더 확실하게 기억할 수 있다

기억의 체계성

베이컨(Francis Bacon)은 "모든 지식은 결국 기억이다."라고 말했다. 기억력은 매우 중요한 능력으로, 복잡한 심리활동은 모두 기억을 바탕으로 전개된다.

무조건 암기하는 방법은 별 효과가 없다. 심리학자들은 지식을 체계적으로 정리하여 기억하는 것이 가장 좋은 방법이라고 말한다. 대부분의 지식은 상호 연관성이 있어 서로 비교하면 더 쉽게 기억된다는 게 그 이유다. 사실 교육의 기초 역시 배운 지식을 체계화하는 것이다.

이야기 심리학

여기 《백과사전》을 전부 외우겠다는 사람이 있다. 그는 'A'부터 공부해나갔다. 그러나 100개를 외우고는 손을 들고 말았다. 그는 자신의 공부 방법에서 무엇이 잘못됐는지 알 수 없어 괴로웠다. 사실 이런 공부 방법은 효과가 없다. 기억의 체계성에 위배되기 때문이다. 백과사전은 지식이 체계적으로 배열되어 있지 않아 외우기 어렵다. 또한 재미도 없어 중간에 포기하기 십상이다.

체계적으로 정리해서 기억하는 것이 효과적이라는 사실을 모르는 사람이 의외로 많다. 지식이나 정보를 머릿속에 체계적으로 정리해놓지 않으면 아무리 아는 게 많아도 소용이 없다. 필요한 지식이 제때 생각나지 않고 쓸데없는 것들만 머릿속에 맴돌기 때문이다. 반면 많지 않은 지식을 최대한 활용하는 사람도 있다. 이들은 언제든지 머릿속에서 필요한 지식을 끄집어낸다. 두 예의 차이점은, 전자는 머릿속에 합리적인 지식 체계가 없는데 후자는 있다는 것이다.

나폴레옹(Napoleon Bonaparte)은 체계적으로 기억하는 데 선수였다.

"나는 모든 사건과 지식을 찬장 서랍 속에 그릇을 넣듯 내 머릿속에 차곡차곡 넣어둔다. 그래서 해당 서랍을 열기만 하면 바로 원하는 것을 꺼낼 수 있다."

빌 게이츠(William H. Gates)에게도 이와 비슷한 특징이 있다.

새로운 지식과 정보는 체계화하여 기억하자. 이를 위해 서는 사물의 비슷한 점과 다른 점을 찾아내는 능력이 절 실하다. 러시아의 유명한 장군인 수보로프(Aleksandr V. Suvorov)는 "기억은 지혜의 창고지만 이 창고에는 벽이 많 으므로 질서정연하게 배치해야 한다."고 말했다.

여러 감각기관을 이용하면
이해력과 기억력을 높일 수 있다

감각기관의 협응 효과

심리학 연구 결과에 따르면 여러 감각기관을 동원하여 정보를 수집하면 더 풍부한 정보를 얻을 수 있고 학습한 내용도 더 오래 남는다고 한다. 즉 여러 감각기관을 동원해 기억하면 감각기관들이 협응하여 학습 효과를 높일 수 있다는 얘긴데, 이것을 '감각기관의 협응 효과'라고 한다.

과학자들의 연구에 따르면 귀로 들은 정보는 약 15퍼센트, 눈으로 본 정보는 25퍼센트를 기억한다고 한다. 그러나 청각과 시각을 결합하면 65퍼센트나 기억할 수 있다고 한다.

미국의 한 심리학자가 실험을 통해 이 이론을 증명했다. 그는 지능

지수가 비슷한 열 명의 학생을 선발해 다섯 명 씩 두 조로 나누었다. 먼저 1조는 의자 다섯 개와 성경책 다섯 권이 있는 실내에서, 그리고 2조는 성경책 다섯 권 이외에 종교 화보집 몇 권과 종교음악을 틀어놓은 곳에서 각각 성경을 외우도록 했다. 그 결과 2조의 성적이 1조보다 월등하게 좋은 것으로 나타났다. 2조가 성경을 외울 때 감각기관을 더 많이 사용했기 때문이다.

이야기 심리학

중국 송대의 대학자 주희(朱熹)는 '삼도(三到)'라 부르는 독특한 독서법을 사용했다.

"독서에는 삼도가 있는데 심도(心到), 안도(眼到), 구도(口到)가 바로 그것이다. 마음을 다하지 않으면 눈으로 자세히 볼 수 없고, 마음과 눈이 집중하지 않고 입으로 읊기만 하면 기억할 수 없을 뿐 아니라 그 기억이 오래 지속되지도 않는다. 삼도 가운데 마음이 가장 중요하다. 이미 마음이 있거늘 눈과 입이 어찌 따르지 않겠는가."

후대의 학자들은 이 독서법을 매우 효과적인 학습법이라고 인정했다. 주희의 독서법이 효과가 큰 이유는 시각과 청각을 함께 사용했기 때문이다.

시청각 교육도 감각기관의 협응 원리를 이용한 것으로 이미지와 소리를 결합하여 학습효과를 극대화하는 것이다. 많은 교사들은 실제 교육현장에서 이 원리를 이용하고 있다.

가령 초등학교 수학시간에 작은 막대기를 이용해서 나눗셈의 원리를 설명할 수도 있다. 선생님의 설명을 듣고 학생들이 막대기에 직접 선을 그어가며 생각하면 좀 더 쉽게 이해할 수 있다. 기하학 수업에서는 종이로 만든 기하 도형을 학생들에게 직접 만지고, 접고, 오리고, 겹치고, 합치게 한 뒤에 선생님이 설명하면 학생들의 공간 상상력을 더 빠르게 향상시킬 수 있다.

수영을 배운다고 가정해보자. 설명, 책, 사진, 영화, 텔레비전 등 여러 가지 방법을 통해 수영에 관한 지식을 얻을 수 있다. 그러나 가장 효과적인 방법은 직접 수영을 해보는 것이다. 이렇게 하면 시각, 청각, 촉각 등 여러 감각기관이 상호작용하여 수영을 더 빨리 배울 수 있다.

공부할 때 가능한 한 여러 감각기관을 사용하자. 귀로 듣고 눈으로 보고 입으로 읽고 몸으로 직접 해봐야 효과가 가장 크다.

사람은 좋았던 일이나
흥미 있는 것을 더 잘 기억한다

선택적 기억의 법칙

프로이드(Sigmund Freud)는 "인간의 기억은 선택적이다."라고 말했다. 고통스러운 사건은 다시 떠올리고 싶지 않기 때문에 스스로 그 기억을 차단해 잊는다는 뜻이다.

인간의 감각과 지각은 적응성과 선택성을 띤다. 대부분의 사람들은 고통스러운 사건은 빨리 잊으려 하는데, 이는 마음 깊은 곳에서 이 불쾌한 느낌을 회피하려 하기 때문이다. 반면에 기쁘고 행복한 일은 오랫동안 기억한다. 마음속에서 이 경험을 더 강화하고 확대하기 때문이다. 즉 인간에겐 고통스러운 사건은 회피하거나 잊으려 하고 행복한 기억은 확대하거나 오래 남겨두려는 선택적인 경향이 있다.

인간의 이런 심리적 특징은 미래를 낙관적으로 바라보게 한다는 점에서 매우 유용하다. 만약 모든 것을 기억한다면 아마도 대부분의 사람들이 정신병자가 되었을 것이다.

이밖에 인간은 흥미, 필요, 목적과 관련된 일은 더 잘 기억한다. 도박사는 상대의 패까지 기억하고, 운전기사는 교통관련 사항을 유독 잘 기억한다. 언어전문가는 일 년에 두 가지 외국어를 마스터할 수 있고, 장기의 대가는 한 번에 열 명과도 대국할 수 있다.

이야기 심리학

북경에서 대학에 다니는 대학생들이 자전거를 타고 이허위안(頤和園, 북경시 서북쪽에 위치한 명원(名園). 청(淸)의 광서(光緖) 연간에 서태후(西太后)가 만들었음-역자)에 놀러 가기로 했다. 그런데 가는 도중 자전거가 고장 났다. 자전거를 수리해 이허위안에 도착하니 예상보다 늦은 시간이었다. 허둥지둥 호수에서 뱃놀이를 하는데 이번에는 비가 내렸다. 우산이 없던 터라 일행은 모두 물에 빠진 생쥐 꼴이 되었다. 흠뻑 젖어 추운데다 배도 고픈 탓에 모두 예민해져 말싸움까지 했다. 결론적으로 즐거운 나들이는 아니었다.

하지만 졸업 후 몇 년 뒤 다시 모인 학생들은 그때의 일을 아주 즐거운 추억으로 기억했다. 불쾌하고 화났던 일은 까맣게 잊고 모두 즐거웠다고 이야기하면서 웃음꽃을 피웠다.

이것이 바로 선택적 기억의 전형적인 예로, 인간은 과거를 회상할 때 불쾌한 것은 잊고 즐겁고 행복한 일만 기억하려는 경향이 있음을 보여준다. 또한 인간은 흥미 있는 일이나 물건은 잘 기억하는 반면 흥미 없는 것은 제대로 기억하지 못한다. 중국의 저명한 수학자 천징룬(陳景潤)은 수학 분야에서는 천재였지만 일상생활에서는 저능아에 가까웠는데, 이는 흥미에 따라 집중력이 달라지기 때문이다. 모든 사람들에게 이와 비슷한 특징이 있다.

즐겁고 유쾌한 경험을 많이 하여 그 기억을 가슴 깊이 간직하자. 그러면 생활에 활력이 넘칠 것이다. 불쾌한 일은 가능한 한 빨리 잊어버리자. 인간은 흥미 있는 일을 더 잘 기억하기 때문에 자신이 좋아하는 일을 한다면 더 쉽게 성공할 수 있다.

어떤 관점을 직접 설명하면
이해가 더 빠르다

역할 수행 효과

배우는 맡은 배역에 따라 다양한 성격의 인물을 연기한다. 그리고 배역의 성격이 자신과 전혀 달라도 연기하다 보면 조금씩 배역의 성격에 동화되어간다. 이런 현상을 '역할 수행 효과'라고 한다.

'역할 수행 효과'는 자신이 잘 이해하지 못한 것을 설명해야 할 때, 배우가 배역에 빠져드는 것처럼 그 개념 속으로 들어가 이해한다는 것이다.

한 심리학자가 무신론자인 대학생들에게 종교를 소개하는 글을 쓰게 했다. 대학생들을 세 그룹으로 나누어 첫 번째 그룹 학생들에게는 사람들을 설득할 수 있도록 논리적이고 이치에 맞게 쓰라고 했고, 두 번째 그룹 학생들에게는 문장 구조에 신경 써서 쓰라고 했다. 그리고 세 번째 그룹 학생들은 글을 쓰지 않게 했다. 그 결과 글을 쓴 학생들의 종교에 대한 태도가 확실히 변해있었고, 두 번째 그룹의 학생들보다 첫 번째 그룹 학생들의 변화가 훨씬 두드러졌다.

이야기 심리학

중국 어느 농촌에 한 청년이 살고 있었다. 오랫동안 봉건사상의 영향을 받은 그는 '세 가지 불효 중에 대를 잇지 못하는 것이 가장 큰 불효'라고 생각했다. 아들이 없으면 사람들에게 무시당하고, 대를 잇지 못하면 조상께 큰 죄를 짓는 것이라고 굳게 믿어 자기 부인은 꼭 아들을 낳아야 한다고 생각했다. 한편 이 지역 산아제한정책 담당자에게 이런 관념은 큰 골칫거리였다.

어느 날 노련한 간부가 이 청년에게 마을 소식을 알리는 벽보를 제작해달라고 했다. 청년은 이 제안을 흔쾌히 받아들였고 열심히 벽보를 만들었다. 이후 간부는 청년에게 산아제한정책에 관한 벽보를 만들라고 지시했다. 청년은 산아제한정책 관련 벽보를 만들기 위해 열심히 자료를 찾고 글을 쓰고 만화도 그려 벽보를 완성했다. 벽보를 완성한 후에 청년은 스스로 피임을 하기 시작했다.

그가 왜 생각을 바꾸었을까? 바로 벽보를 만들면서 산아제한정책에 대한 이해가 높아져 자신의 생각이 잘못되었음을 깨달았기 때문이다.

누구나 일상생활에서도 이해가 잘 안 되는 것을 한 번 읽어보고 베껴 쓰거나 다른 사람에게 설명했을 때 이해가 더 잘되었던 경험이 있을 것이다.

직장에도 이런 원리를 적절하게 적용하는 상사들이 있다. 똑똑한 상사는 자신의 의견에 반대하는 부하직원을 무턱대고 나무라지 않는다. 대신 이 직원에게 자신의 의견을 다른 직원들에게 전달하라고 시킨다. 부하직원은 상사의 의견을 다른 직원들에게 정확하게 전달하기 위해 데이터와 도표 등 자료를 찾고, 예상 질문에 대한 답을 마련하는 등 일련의 준비 작업을 한다. 이렇게 준비 작업을 하면서 부하직원은 자연스럽게 상사의 의견을 이해하고 찬성하게 된다.

어떤 사상을 더 잘 이해하고 싶다면 직접 설명해보자. 상대의 견해를 바꾸고 싶으면 상대방에게 그 견해를 설명할 기회를 주자.

사물을 대비하면 감각이 자극되어
더 오래 기억 한다

대비 효과

세상에 홀로 존재하는 사물은 없다. 모든 사물은 다른 사물과 대비되는 가운데 비로소 존재한다. 빛과 어둠, 기쁨과 고통, 아름다움과 추함은 모두 대비를 이루며 존재한다.

심리학자들은 사물을 비교하면 차이와 공통점이 명확하게 구분되어 더 효과적으로 기억할 수 있다고 말한다. 이것을 '대비 효과'라고 한다. 대비 효과는 두 사물이 대뇌피질에서 상호유도작용을 일으켜 비교하는 과정에서 더 강한 인상을 남기는 것을 말한다. 한편 한 가지 사물만 생각하면 대뇌피질에서 대비할 것이 없어 유도작용을 일으키지 않기 때문에 기억에 잘 남지 않는다.

'비교해야 식별할 수 있다.' '비교를 안 하면 모르지만 일단 비교하면 놀라 자빠진다.'라는 말이 있다. 대비 효과에 대한 말이다. '푸른 잎 속의 한 송이 붉은 꽃'이라는 말이나 보색을 사용하여 배경에서 사물을 부각시킨 그림을 본 적이 있을 것이다. 푸른 초원 위를 달리는 고동색 준마 그림을 말과 초원이 선명하게 대비되어 더 강렬한 시각적 충격을 준다.

두보(杜甫)의 시 중 '부잣집에서는 술과 고기 썩는 냄새가 나고, 길가에는 얼어 죽은 시체가 뒹군다.'와 악비(岳飛)의 시 '병사들이여, 허기지거든 오랑캐의 살점을 먹어라. 갈증이 나거든 흉노의 피를 마셔라.' 등도 모두 대비 효과를 이용하여 강렬한 예술적 효과를 거둔 작품들이다.

음식상을 차릴 때도 대비 효과를 이용하면 요리의 맛을 더욱 부각시킬 수 있다. 모든 요리가 비슷한 맛이라면 식욕을 당기지 못한다. 반대로 짜고 시고 기름지고 담백한 요리를 다양하게 차리면 여러 맛이 어우러져 상승효과를 낼 수 있다. 교수법에도 대비 효과를 응용할 수 있다. 직각삼각형을 설명할 때 예각삼각형과 둔각삼각형을 비교하면서 설명하면 직각삼각형에 대한 이해를 높일 수 있는 것이다.

어떤 사물을 설명할 때 대비되는 다른 사물과 비교하면 더 효과적이다. 상품을 판매할 때도 경쟁 상품과 비교하면서 설명하면 자기 상품의 장점을 더 부각시킬 수 있다.

전체는 부분들의 합이 아닌
그 이상의 것이다

게슈탈트의 법칙

게슈탈트심리학은 20세기 초에 형성된 현대 서양 심리학파 중 하나이
다. 게슈탈트심리학은 심리활동을 독립적 원소로 구분하여 연구하는
것은 비합리적이라는 관점을 가지고 있다. 또한 심리현상과 심리과
정을 전체적인 각도에서 연구해야 한다고 주장한다. 게슈탈트심리학
의 주요 논점은 '부분의 합은 전체와 같지 않으며 전체는 부분의 합보
다 크다.'는 것이다. 이것이 바로 '게슈탈트의 법칙'이다.

이야기 심리학

소식(蘇軾)은 중국 북송대의 저명한 작가이다. 그는 호주학파(湖州學

派)의 문여가(文與可)와 함께 그림을 배웠다. 당시 문여가는 대나무 그림으로 유명했고, 소식은 그의 그림에 대해 독특한 견해를 가지고 있었다.

소식은 문여가가 대나무를 이토록 잘 그릴 수 있는 비결이 따로 있다고 생각했다.

"현재 화가들은 대나무를 그릴 때 마디 하나하나, 잎사귀 하나하나에 신경을 쓴다. 그러나 정작 대나무는 없다. 대나무를 그리려면 우선 마음속에 대나무의 전체 형상을 담아야 한다. 그런 다음 붓을 들고 대나무를 자세히 바라보면 마음속에 그리고자 하는 것의 형태가 떠오를 것이니 그때 비로소 그리기 시작해야 한다. 마음속에 잡힌 대나무의 형태를 따라 민첩하고 힘차게 붓을 놀리면 된다."

하지만 '마디 하나하나', '잎사귀 하나하나'를 그려 완성한 것이 왜 대나무가 아닐까? 또 대나무를 그리려면 왜 '먼저 마음속에 완벽한 대나무를 품어야'할까?

여기에 바로 '부분들의 합은 전체와 같지 않다'는 게슈탈트의 법칙이 잘 나타나있다. '마디 하나하나', '잎사귀 하나하나'를 그려 완성한 대나무는 온전한 대나무와 같지 않다. 그 이유는 대나무는 '마디'와 '잎사귀' 외에도 온전한 대나무가 갖춰야 할 전체성을 갖고 있어야 하며, '마디'와 '잎사귀'의 상호작용이 빚어낸 고상한 기품 그 자체여야 하기 때문이다. 대나무를 그리려는 사람은 반드시 '먼저 마음속에 완벽한 대나무를 품어야' 한다는 것은 전체적인 시각에서 대나무를 바라보라는 뜻이다. 이는 다시 말해 '마디'나 '잎사귀' 같은 '형태'보다 더 중요한 것은 전체적인 '느낌'까지 담아내야 한다는 뜻으로 이렇게 해야 비로소 대나무를 그렸다고 할 수 있다.

일상생활에서도 이 법칙을 적용할 수 있다. 텍스트를 볼 때 개별 단락이나 부분만 집중해서 볼 것이 아니라 텍스트 전체의 구조와 각 부분 간의 연결 관계를 파악하면 이해가 더 잘된다. 영화도 마찬가지다. 스토리가 장황하고 구성이 치밀하지 않다고 혹평 받는 영화도 자세히 뜯어보면 각각의 장면은 훌륭할 수 있다. 다만, 전체적인 조화가 이루어지지 않은 것뿐이다.

전체성의 법칙에 근거해 본다면 집단의 역량은 개개인의 역량을 단순히 합친 것과 비교할 수 없다. 《나폴레옹 선집》 중에 기병에 관해 서술한 부분이 있는데, 여기에서 이러한 이치를 설명하고 있다. 나폴레옹은 이렇게 말했다.

"맘루크 병사(가장 용맹한 기병으로 유명함) 두 명이 프랑스 병사 세 명을 대적할 수 있다. 왜냐하면 그들에게는 좋은 말과 무기가 있을 뿐만 아니라 그들은 말 타기에도 능하기 때문이다. 그러나 프랑스 병사 100명은 맘루크 병사 100명을 두려워하지 않는다. 프랑스 병사 1,000명이 맘루크 병사 1,500명을 능히 쳐부술 수 있다."

맘루크 병사 개개인의 전투 능력은 분명히 프랑스 병사보다 뛰어나지만 이들을 하나로 합쳐 전쟁터에 나가면 그들의 장점이 제대로 발휘되지 않기 때문이다. 나폴레옹은 전쟁에서 전술과 군사대형, 기동성이 더 중요하다고 말했다. 실제로 군대의 전술과 군사대형, 기동성에 따라 군대의 전력이 달라진다. 실제로 이는 개개의 병사들에게는 없는 것이다. 역량은 단체와 그룹을 어떻게 조합하느냐와 직접적인 관계가 있다. 맘루크 병사는 체계 없이 구성된 오합지졸에 불과해 강력한 힘을 발휘하기는커녕 오히려 개개인의 역량을 저하시킬 뿐이었다. 그러나 프랑스 병사는 비록 병사 개개인의 전투력은 약했지만 이들을 유기적으로 결합하여 가공할만한 위력을 발휘했다. 이 힘은 프랑스 군의 열세를 만회하기에 충분했다.

집단의 역량은 그 집단에 속해있는 개개인의 역량에 따라 결정되는 것이 아니라 그 개개인들의 관계와 이들을 어떻게 결합하느냐에 달려있다. 이것은 지도자의 관리 능력과도 관계가 있다.

세상의 모든 사물은 각 부분이 유기적으로 결합하여 이루어진 것이다. 어떤 사물을 관찰할 때나 혹은 단체를 구성하려면 각 부분도 살펴야 하지만 각 부분 간의 상호 연결에 더 관심을 가져야 한다.

사물의 기능에만 집착하면
다른 용도는 생각하지 못한다

기능고착 심리

우리는 가끔 어떤 사물의 주요 기능에만 집중하는 까닭에 다른 용도로 사용할 수 있다는 사실을 간과한다. 게다가 주요 기능이 강할수록 다른 용도로 응용하기는 더더욱 어렵다.

한 심리학자가 양초, 압정, 성냥을 이용해 실험을 했다. 피험자에게 이 세 가지 물건을 주고 양초에 불을 붙여 교실 벽에 고정시키라고 했다. 피험자들은 오랫동안 고민했지만 해결방법을 찾아내지 못했다.

사실 방법은 아주 간단하다. 성냥으로 양초에 불을 붙이고 압정으로 빈 성냥갑을 벽에 고정시킨다. 그런 다음 성냥갑에 촛농을 떨어뜨려 초를 세우면 된다.

대다수의 피험자가 성냥갑은 단지 성냥을 넣는 것이라고만 생각해 양초를 고정시킬 수 있다고는 생각하지 못했던 것이다.

우리는 '기능고착' 심리로 인해 사물을 한 가지 용도로만 사용하느라 이것으로 다른 것도 할 수 있다고 생각하지 못한다.

기능고착 심리는 일종의 고정관념이다.

이야기 심리학

일반적으로 사람들은 동전으로 전기를 전도할 수도 있다고 생각하지 않는다. 또한 옷으로 불을 끌 수 있고, 머리핀으로 나사를 풀 수 있다고도 생각하지 않는다. 실생활에서는 이론에 없는 다양한 방법으로 사물을 응용할 수 있다.

창조학 회의에서 일본 창조학자 무라카미 노부오(村上信雄)가 연단에 올라가 클립을 꺼내들고 "이 클립의 용도가 몇 가지나 될까요?"라고 물었다.

이에 한 중국학자가 30여 가지라고 대답했다. 하지만 일본 창조학자는 그 자리에서 300여 가지의 용도를 몸소 증명해 보였다. 회의 참석자들은 열렬한 박수를 보냈다. 이때 연단 아래에서 어떤 사람이 쪽지를 건네 왔다. 쪽지에는 '내가 내일 클립으로 할 수 있는 일을 1억

가지 발표하겠다.'고 적혀 있었다.

쪽지를 건넨 사람은 쉬궈타이(許國泰)란 인물로 그 자리에서 그는 후에 '마구현상(魔球現象)'으로 불리는 방법을 제시했다. 그가 제시한 클립의 용도는 다음과 같다. 우선 무게를 재는 저울추로 사용할 수 있고, 각종 산(酸) 및 기타 화학물질과의 반응을 살피는 도구로 쓸 수도 있다. 게다가 1, 2, 3, 4, 5, 6, 7, 8, 9의 숫자 모양으로 변형할 수 있으며 덧셈, 뺄셈, 나눗셈, 곱셈의 부호로 사용할 수 있다. 영어, 라틴어, 러시아어 자모 등 세상 모든 언어를 표현할 수도 있다. 이외에도 여러 가지 용도를 제시했다.

대다수의 사람들이 사물의 일반적인 용도만 생각하여 스스로 사고의 폭을 제한한다. 그러나 조금만 시각을 바꾸면 사물의 새로운 용도를 생각해낼 수 있다. 예를 들어 가구를 재배치하기 위해 공간과 가구의 길이를 재야하는데 자가 없다면 노끈이나 액자로 대신할 수 있다. 머리를 부딪쳐 혹이 생겼을 때는 얼음 마사지가 특효다. 이때 얼음과 주머니가 없다면 아이스크림을 사서 머리 위에 올려두면 같은 효과를 볼 수 있다. 바셀린은 원래 손에 바르는 연고이지만 기름기가 있어 녹이 슨 문기둥에 발라도 효과적이다.

좀 더 넓고 새로운 각도로 사물을 관찰하자. 그러면 사물의 숨겨진 여러 가지 용도를 발견할 수 있다.

인간은 우연히 일어나는 사건도
통제할 수 있다고 믿는다

통제의 착각

사람들은 아주 우연히 일어나는 사건도 자신의 능력으로 통제할 수 있다고 생각한다. 이것을 '통제의 착각'이라고 한다. 이렇게 착각하는 이유는 일상생활에서 일어나는 대부분의 일은 자신의 노력과 훈련으로 컨트롤할 수 있으므로 다른 모든 일도 자기가 통제할 수 있다고 생각하기 때문이다. 그러나 우연히 일어나는 일까지 통제할 수 있는 사람은 거의 없다.

어떤 실험에서 대학생들에게 약간의 돈을 주고 주사위 게임을 하게 했다. 주사위를 던지기 전과 주사위를 던진 후 중 언제 판돈을 더 많이 거는지 비교해보기 위한 실험이었다. 실험 결과 대다수의 학생이 주사위를 던지기 전에 판돈을 더 많이 거는 것으로 나타났다.

주사위를 던지기 전까지는 자신이 노력하면 이길 가능성이 더 커진다고 생각하기 때문이다. 하지만 이는 어디까지나 착각일 뿐이다. 도박에서 이기고 지는 것은 그때의 운에 달려있는 것이지 자기의 기술이나 능력과는 상관없기 때문이다. 승패는 완전히 우연인 것이다.

이야기 심리학

우연한 사건은 확률의 지배를 받는다. 동전을 천 번 던졌을 때 앞면과 뒷면이 나온 확률이 비슷한 이유는 각각 50퍼센트의 확률이 있기 때문이다. 그러나 구체적으로 언제 앞면이 나오고 언제 뒷면이 나올지는 그야말로 우연이고 누구도 컨트롤할 수 없다. 그러나 사람들은 자기가 우연히 일어나는 사건까지 모두 통제할 수 있다고 착각한다.

일본의 한 보험회사에서 일등 상금이 5,000만 엔인 복권을 한 장당 100엔에 직원들에게 판매했다. 판매할 때 복권 번호를 절반은 직원들이 선택하게 했고 절반은 판매자가 골라주었다. 추첨하는 날 아침, 회사는 총무과 직원들을 동원해 복권을 구입한 직원들을 찾아가 복권을 양도해달라고 했다. 그 결과 복권 구입자들은 복권 판매원이 골라준 복권은 한 장당 평균 196엔에, 자기가 선택한 복권은 장당 평균

816엔에 양도했다.

사실 자신이 고른 것과 다른 사람이 골라준 복권의 당첨확률은 별 차이가 없다. 그러나 사람들은 자기가 고른 복권의 당첨 확률이 더 높다고 생각한다.

주사위 게임을 할 때 주사위를 던지기 전 '육, 육, 육' 하고 중얼거리며 힘껏 주사위를 쥐는 사람들이 있다. 그러나 이런 동작들은 결과에 아무런 영향을 미치지 못한다. 그럼에도 사람들이 이렇게 하는 이유는 자기가 노력할수록 원하는 결과를 얻을 확률이 높다고 착각하기 때문이다.

일부 사람들은 자신이 모든 상황을 통제할 수 있다고 착각하여 도박을 시작한다. 결국 재산을 다 탕진하고도 빠져나오지 못한다. 도박은 우연성의 게임이라 인간의 노력으로 결과를 통제할 수 없다. 때문에 중독되지 않게 경계하는 것이 최우선이다. 도박에 쏟을 힘으로 자기가 컨트롤할 수 있는 일이나 공부를 하는 게 훨씬 낫다.

쉬면서 생각을 가다듬으면
더 쉽게 영감을 얻을 수 있다

아이디어 성숙의 법칙

어려운 문제에 봉착해 잠시 그 문제를 잊어도 잠재의식은 계속 해결 방안을 모색한다. 그리고 해결방법에 접근했을 때 갑자기 정신이 확 들면서 아이디어가 떠오른다. 이 과정을 '성숙'이라고 하며 이 현상을 '아이디어 성숙의 법칙'이라고 한다. 이 방법은 특히 어려운 문제를 풀 때 효과가 높다.

한 심리학자가 피험자를 세 개 조로 나누고 이들에게 비교적 복잡한 문제를 냈다. 문제를 푸는 데 주어진 시간은 30분. 1조는 처음부터 문제만 풀게 했는데 55퍼센트의 사람들만이 문제를 풀어냈다. 2조는 문제를 푸는 중간에 30분 동안 다른 일을 하게 한 다음에 다시 문제를 풀게 했다. 그 결과 64퍼센트의 사람들이 문제를 풀었다. 마지막 3조는 중간에 네 시간 동안 다른 일을 하게 하다가 다시 문제를 풀게 했다. 그 결과 85퍼센트가 문제를 풀었다.

이 실험을 통해 어려운 문제일수록 잠깐 쉬면서 생각을 가다듬으면 더 쉽게 풀 수 있다는 사실을 알 수 있다. 2조와 3조의 피험자들은 다른 일을 하다가 문제를 다시 풀 때 먼저 풀었던 방법으로 풀지 않고 새로운 방법으로 처음부터 다시 풀었다고 했다. 따라서 '아이디어 성숙' 과정을 통해 문제해결에 적합하지 않은 방식을 버리고 새로운 방식을 생각해낸다는 것을 알 수 있다.

이야기 심리학

우리는 종종 내용이 너무 어려워 뜻조차 파악할 수 없거나 아무리 머리를 쥐어짜도 해결방법이 안 떠오르는 문제에 부딪힐 때가 있다. 이러한 경우에는 문제해결을 위해 계속 고민해도 시간만 흘러갈 뿐 묘안이 떠오르지 않는 경우다.

이럴 때는 문제를 잠시 접어두고 다른 일을 하다가 다시 생각하거나 가벼운 마음으로 처음부터 다시 생각하면 아이디어가 좀 더 쉽게 떠오를 것이다.

독일의 물리학자 헬름홀츠(Hermann von Helmholtz)는 생각에 몰두하거나 책상 앞에 앉아 집필할 때보다 숙면하고 난 다음 날 아침이나 맑은 날 천천히 산을 오를 때 아이디어가 더 많이 떠오른다고 말했다.

과학사를 봐도 차나 배를 타고 있을 때, 혹은 낚시나 산책할 때 떠오른 아이디어가 많다.

821명의 발명가를 대상으로 조사한 결과 휴식하는 곳에서 영감을 얻은 경우가 비교적 많았다. 왜 그럴까? 영감이 떠오르는 과정을 살펴보면 그 이유를 알 수 있다.

먼저 영감이 떠오르려면 강력한 행위적 동기와 오랜 시간 고민이 뒤따라야 한다. 오랫동안 생각해도 묘안이 떠오르지 않으면 다른 여가 활동을 하든지 해서 좀 쉬거나 여유를 가져야 한다. 이것이 바로 '아이디어 성숙' 단계이다.

인간의 의식은 빙산과 비슷하다. 수면 위에 떠올라 있는 것을 '의식'이라 하고, 수면 아래 가라앉아 있는 것을 '잠재의식'이라고 한다. 전자는 사고와 토론처럼 사람이 감지할 수 있는 것이지만 후자는 그렇지 않다. 영감은 대체로 잠재의식에서 나온다.

의식은 일반적이고 규칙적인 사유의 영향을 받아 자유롭게 발휘되기가 어렵지만, 영감은 틀을 깨는 일종의 깨달음이기 때문에 잠재의식의 능력이 의식보다 강하다고 할 수 있다.

어떤 문제가 잘 안 풀리거나 실패가 거듭될 때 잠시 쉬거나 운동을 하면 의식의 활동이 줄어드는데, 바로 이때 잠재의식 속에 있던 정보가 튀어나와 아이디어가 떠오르는 것이다.

계속 붙잡고 생각한다고 문제가 해결되는 것은 아니다. 이럴 때는 잠시 잊고 가벼운 일을 해보자. 틀림없이 생각이 정리될 것이다. 이때 작은 노트를 준비해 순간 머릿속에 떠오르는 아이디어를 적어 놓자. 그중에 해답이 들어 있을 수 있다.

먼저
나를 알아야
상대를
이긴다

3

한 가지 욕구가 충족되면
더 큰 욕구가 생긴다

욕구 증가의 법칙

미국의 심리학자 매슬로우(Abraham H. Maslow)는 1943년 발표한 '인간의 동기 이론'에서 욕구단계설을 제기했다. 그는 인간의 욕구를 5단계로 나누었다.

1단계는 생리적 욕구로 의식주와 같이 생존에 필요한 가장 기본적인 욕구이다.

2단계는 안전의 욕구로 심리적 물질적 안전이 모두 포함된다. 즉 도둑과 사고로부터 안전하기를 바라고, 안정된 직업과 퇴직금, 튼튼한 사회보장제도가 유지되기를 바란다.

3단계는 사회적 교제에 대한 욕구로, 사회의 일원인 인간은 우정과 집단의 소속감이 필요하기 때문에 다른 사람과의 교류에서 상호 간의 염려와 도움, 칭찬을 갈구한다.

4단계는 자기 존중의 욕구로 다른 사람에게 존중받고 싶은 욕구와 자존심이 모두 포함된다.

5단계는 자아실현의 욕구로 노력을 통해 생활에 대한 기대를 충족시킴으로써 일과 생활에서 모두 만족감을 얻는 것이다.

매슬로우는, 욕구는 인간의 잠재의식 속에 있는 내재적이고 천성적인 것으로 단계별 순서에 따라 발전한다고 보았다. 낮은 단계의 욕구는 높은 단계의 욕구보다 더 강렬한데, 이는 동물의 욕구와 매우 비슷하다. 그리고 높은 단계의 욕구는 인간만이 지닌 특징이다. 이것은 생존과 직접적인 관계는 없지만 욕구를 만족시키기 위해 노력하는 과정에서 더 강렬한 행복을 경험할 수 있게 된다.

이야기 심리학

인간의 욕구는 끝이 없다. 한 가지가 충족되면 또 다른 새로운 욕구가 생겨나게 마련이다. 한편 인간의 감각기관은 늘 외부의 자극을 받기 때문에 자극이 빈번할수록 감각은 무뎌진다. 감각이 무뎌지는 비율과 만족도는 정비례하여 만족도가 높을수록 무뎌지는 비율도 높아진다. '배고플 때는 설탕도 꿀처럼 달지만 배부를 때는 꿀도 안 달다.' 라는 말도 있지 않은가.

일반적으로 인간은 어떤 욕구나 필요가 생기면 불안하고 긴장하게 되는데 이것이 일종의 내재적인 추진력으로 발전한다. 그 뒤에 목표를 선택하거나 찾는 것이다. 그리고 목표를 정하고 나면 욕구를 만족시키려고 움직이며, 이 과정에서 욕구가 만족되는 동시에 점차 약해진다. 나아가 행동이 끝나면 긴장이 풀어지고 또 새로운 욕구가 생겨두 번째 행동에 돌입하게 된다. 이런 주기를 반복하면서 끊임없이 욕구가 늘어나는 것이다.

'인간의 욕망은 끝이 없다.'는 말이 있다. 춘추시대의 순자(荀子)는 '귀위천자, 욕불가진(貴爲天子, 欲不可盡)'이라고 했다. 모든 것을 다 누릴 수 있는 천자의 자리에 있어도 욕망은 끝이 없다는 뜻이다. '농(籠) 땅을 얻으면 촉(蜀)나라 땅까지 갖고 싶다(得籠望蜀)'라는 고사성어도 같은 뜻이다. 이런 성어들은 주로 부정적인 의미로 쓰이지만 심리학적 관점으로 본다면 이는 인간의 기본적인 속성인 '욕구단계론'이 잘 반영되어 있다.

집에 대한 사람들의 수요를 봐도 인간의 욕구는 점점 커진다는 것을 알 수 있다. 궁핍했던 시절, 사람들은 다닥다닥 붙어있는 판자촌에서 서로 부대끼며 살면서도 이 정도쯤은 괜찮다고 생각했다. 그러나 가난에서 벗어나자마자 사람들은 편리한 생활을 꿈꾸기 시작했다. 이 시기에 들어 좋은 집에 대한 관심이 커진 것은 물론이고 집을 구입할 때 주택 면적에 내부 구조까지 신경 썼다. 경제가 발전하자 사람들은 행복하고 안정된 생활을 꿈꿨고 더 안락한 집을 찾게 되었다. 편하고 안락한 곳에 살아야 더 즐겁게 일할 수 있다고 생각하게 된 것이다.

현실적으로 낮은 단계의 욕구가 충족되지 않은 상태에서 높은 단계의 욕구까지 추구하기는 어렵다.

거리에서 폐품을 수거해 하루하루를 연명하는 사람이 체면이나 존엄을 따질 여력이 없는 것처럼 말이다. 그러나 3단계 욕구까지 만족된 사람은 4단계 욕구, 즉 다른 사람에게 존중받고 싶은 욕구를 충족하기 위해 노력할 것이다. 예를 들어 소득이 비교적 높은 사람이 고급 승용차를 구입하는 이유는 타고 다니려는 목적도 있지만 이미지 관리 차원이기도 하다. 부를 쌓은 사람이 자선사업을 하는 것은 더 높은 인생의 가치를 실현하기 위해서고 말이다.

자신의 가치를 높이고 발전하기 위해 욕구의 단계를 높여보자. 그리고 부단한 노력을 통해 더 높은 단계의 욕구를 만족시켜 보자. 그렇다고 수단과 방법을 가리지 않고 욕구를 만족시켜서는 안 된다. 그랬다간 자칫 직권 남용으로 부패 스캔들에 휘말린 부패관료들처럼 모두에게 멸시를 받을지도 모른다.

선택의 여지가 많다고
좋은 것은 아니다

선택의 법칙

선택의 폭이 너무 좁으면 선택하기 어렵다는 것은 누구나 다 아는 사실이다. 좋고 나쁨이나 우열을 가릴 수 있는 비교 대상이 너무 적기 때문이다. 모든 가능성을 비교해봐야 합리적으로 판단해 결정을 내릴 수 있다.

그러나 선택의 폭이 너무 넓어도 선택하기 어려운 것은 마찬가지다. 선택 항목이 너무 많으면 어떤 것이 더 나은지 비교하기가 어렵기 때문이다. '많은 선택사항'은 오히려 '선택할 수 없는' 상태로 만들어 어떤 것도 선택할 수 없게 한다. 이것은 당연히 선택에 부정적인 영향을 미친다.

심리학자들은 선택항목이 적당해야 쉽게 결정할 수 있다고 말한다. 이것을 '선택의 법칙'이라고 한다.

한 과학자가 피험자를 두 조로 나누어 1조는 초콜릿 6개 중 하나를, 2조는 30개 중 하나를 고르도록 했다. 그 결과 2조에 속한 많은 사람들이 자기가 선택한 초콜릿이 별로 맛이 없다고 생각했으며 자신의 선택을 후회했다.

캘리포니아 스탠퍼드 대학 근처의 슈퍼마켓에서도 이와 비슷한 실험을 실시했다. 직원들이 마켓 내부에 잼 시식대를 마련하여 한쪽에는 여섯 가지 맛을, 다른 한쪽에는 스물네 가지 맛을 준비했다. 그 결과 스물네 가지 맛이 놓인 시식대에는 242명이 왔고, 그중 60퍼센트가 시식을 했다. 여섯 가지 맛이 놓인 시식대 앞에는 260명의 고객이 찾아왔고, 그 중 40퍼센트가 시식에 참여했다. 그러나 판매 성적은 의외였다. 여섯 가지 맛을 시식한 고객 중 30퍼센트가 한 병 이상씩 구입했지만 스물네 가지 맛이 놓인 시식대에서는 3퍼센트만이 잼을 구입한 것이다.

이 두 실험은, 사람들은 선택의 폭이 너무 넓으면 오히려 결정을 못한다는 것을 보여준다.

'기로망양(岐路亡羊)'이라는 성어가 있다. 하루는 양자(楊子)의 이웃이 양을 몰고 돌아오던 중에 수레와 말을 만나 양들이 놀라 흩어져 버렸다. 집에 돌아온 이웃은 양 한 마리가 부족한 것을 발견하고 식구들은 물론 양자의 심부름하는 아이까지 불러 함께 양을 찾았다. 양자가 이웃에게 "이렇게 많은 사람이 필요할까요?" 하고 묻자 이웃은 "산과 들, 밭 사이에 갈림길이 많아 이들로도 어림없습니다." 라고 대답했다.

사람들은 오는 길을 되짚어가면서 갈림길마다 한 사람씩 흩어져 양을 찾았다. 양자의 이웃도 큰 길을 따라 걸었다. 그러나 얼마 안 가 앞에 또 다른 갈림길이 나타났다. 그는 아무 길이나 선택해 걸었는데, 조금 걷다 보니 또 갈림길이 나타났다. 하지만 이미 지칠 대로 지쳤고 날도 어두워져 돌아올 수밖에 없었다. 양을 찾으러 간 다른 사람들도 마찬가지였다.

이 이야기는 바로 선택 사항이 너무 많으면 사람은 어디서부터 손을 써야할지 몰라 우왕좌왕하다가 결국 결정을 못 내린다는 것을 보여준다.

이 같은 현상은 인생의 많은 일에서도 나타난다.

배우자를 찾을 때도 마찬가지다. 선택의 폭이 좁으면 혹시 더 좋은 상대가 나타나지 않을까 하는 생각에 맞선을 더 보려고 한다. 하지만 사람을 너무 많이 만나면 도대체 어떤 사람이 자기와 맞는지 알 수 없게 된다. 이렇게 어영부영하다가 시간은 흐르고 결국 결혼적령기를 놓치고 만다. 급기야 나중에는 선택의 폭이 갑자기 줄어 마찬가지로 선택하기가 어려워진다.

직장에서도 비슷한 현상이 나타난다. 관리자들은 늘 여러 부서의 의견을 듣는다. 하지만 '집을 짓는 데 길 가는 사람에게까지 물어보면 삼년이 지나도 다 못 짓는다.'는 말처럼, 모든 사람의 의견을 다 듣다 보면 그만큼 결론을 내기도 어렵다. 사람마다 문제를 보는 관점이 다르기 때문이다. 때문에 의견을 너무 많이 들으면 결정하기가 더 힘들고 경우에 따라서는 주관을 잃을 수도 있다.

선택의 폭이 너무 좁으면 그만큼 시야도 좁아질 수 있다. 그러나 선택의 폭이 지나치게 넓어도 안 된다. 자칫 우왕좌왕하다 잘못된 결정을 내릴 수 있기 때문이다. 어느 정도가 적당한지 객관적으로 판단하자. 그래야 현명한 결정을 내릴 수 있다.

고정관념이 생기면
태도를 바꾸기 어렵다

\# 역할고정 심리

어떤 위치에 익숙해지거나 어떤 사물에 고정관념이 생기면 태도를
바꾸기 어렵다.

　다음의 두 실험을 보면 이런 심리를 확실히 알 수 있다. 사회심리학
자 회의에서 참가자들에게 자리를 자유롭게 선택해 앉으라고 했다.
그리고 밖에서 조금 쉬다가 다시 회의장 안으로 들어가게 했다. 이것
을 5~6차례 반복했다. 그 결과 대다수가 제일 처음 앉았던 자리에 다
시 앉았다.

　다른 실험에서 피험자들에게 아프리카 국가 중 몇 개 국가가 UN회
원국인지 맞춰보라고 했다. 생각하기 전에 피험자들에게 0~100개 사

이에서 선택하도록 범위를 정해주었다. 그 결과 10퍼센트의 응답자가 25개국 내외라고 대답했고, 60퍼센트의 응답자가 45개국 내외일 것이라고 대답했다.

이 두 실험은, 사람들은 어떤 사물의 성격이나 역할을 마음속에 고정시키면 선입관에 사로잡힌다는 것을 알려준다.

이야기 심리학

정(鄭)나라 사람이 신발을 사는 이야기가 있다. 정나라 사람이 신이 낡아 새 신발을 사러 장에 가기로 했다. 그는 길을 나서기 전에 끈으로 자기의 신발 사이즈를 쟀다.

장에 도착해 신발을 고른 그는 치수를 확인하려고 끈을 찾았지만 없었다. 그제야 집에 두고 왔다는 사실을 깨닫고는 급하게 집으로 돌아갔다. 하지만 그가 끈을 가지고 돌아왔을 때 장은 이미 파하고 난 뒤였다.

이 정나라 사람은 바로 '역할고정심리'의 오류를 범한 것이다. 처음에 끈으로 발 치수를 쟀기 때문에, 신어보고 발에 맞는 게 가장 좋다는 생각은 아예 하지도 않았던 것이다.

이 이야기는 약간 과장되었지만 누구나 일상생활에서 '역할고정심리'의 영향을 쉽게 받는다는 사실을 알 수 있다. 자기 자신에 대한 인식도 마찬가지다.

당(唐)나라 선종 때 한 재상이 이원(李遠)을 항주 자사(杭州 刺史)로 추천했다. 하지만 선종은 고개를 저으며 반대했다. "경은 '청산에 천 잔의 술을 마다 않고, 백일 동안 오직 바둑으로 소일하네.' 라는 그의 시를 못 들었는가? 이렇게 제 할 일도 제대로 하지 않고 바둑에만 빠져있는 사람이 어떻게 고을을 다스릴 수 있겠는가."

재상은 그것은 시에 불과하다고 애써 두둔했다. 그러나 선종은 크게 노하여 시는 자신의 의지를 언어로 표현한 것이기에 이렇게 썼다는 것은 얼마든지 이렇게 할 수도 있다는 말이라고 주장했다.

재상은 "그러나 이원은 능력 있는 인재입니다. 다만 그저 할 일이 없어 바둑을 두며 소일하는 것입니다. 만약 폐하께서 그를 항주 자사로 임명하신다면 그는 능히 일을 잘 해낼 것입니다. 결코 하루 종일 바둑만 두는 일은 없을 것입니다." 라고 간곡히 청했다.

재상의 말에도 일리가 있다고 생각한 선종은 이원을 등용했고, 다행히도 이원은 항주를 잘 다스렸다.

사실 이원은 관직이 없을 때 자신을 한량으로 여기고 그럭저럭 세월을 보냈다. 그러나 관직을 얻자 자기도 좋은 관리가 될 수 있다고 생각해 행동을 바꾸고 나라를 위해 헌신했다.

이는 사람들이 자기 자신은 물론 다른 사물을 판단할 때 종종 비이성적이 된다는 것을 나타낸다. 만약 처음에 유용한 정보가 주어졌다면 이성적으로 판단할 수 있겠지만 많은 경우 사람들은 쓸데없는 초기 정보만을 고집한다.

한 상인이 어떤 지역에서 수공예 바구니를 개당 10원에 들여와, 다른 도시에 원가보다 싼 개당 8원에 팔았다. 본전에도 못 미치는 가격에 팔았지만 일 년 뒤 상인은 백만장자가 되었다. 이유가 뭘까?

'정부에서 상금을 받았다.', '소비자를 감동시켜 회원제 회사를 설립하여 회비를 받은 것이다.', 혹은 '복권에 당첨됐다.' 등등 여러 가지 상상을 할 수 있을 것이다. 그러나 답은 간단하다. 그는 원래 천만장자였는데 손해를 봐서 백만장자가 된 것이다.

이 상인이 '돈을 번 방법'에만 초점을 맞추어 생각한 이유는 처음에 이 상인이 빈털터리였을 것이라고 추측해서 사유의 오류가 생겼기 때문이다.

이밖에도 직업, 전공, 직위 등 사회적 지위를 판단할 때도 역할고정심리의 영향을 받는다. 예를 들어 직장을 구할 때 먼저 이상적인 직장을 정해놓으면 그 분야의 직장만 찾지, 다른 직종이 자신에게 더 적합

할 것이라고는 생각하지 않는다.

　대다수가 자기의 생각을 쉽게 바꾸려고 하지 않는다. 그러나 상황에 따라 기존의 기준이나 기대를 다시 조정할 필요가 있다는 사실을 명심하자.

적당한 심리적 긴장은
최대의 효과를 낼 수 있다

긴장 효과

장이론(Field Theory)을 주창한 독일의 심리학자 레빈(Kurt Lewin)은 인간에겐 어떤 행위를 완성하려는 경향이 있다고 생각했다. 흔히들 수수께끼의 답을 찾거나 책을 보기 시작하면 끝을 보려고 하는데, 이 것을 '긴장 효과'라고 한다.

동그라미를 그릴 때 완벽하게 다 이어 그리지 않고 끝에 공백을 조금 남겨두면 끊어진 부분을 마저 잇고 싶은 생각이 드는 이유도 바로 '긴장 효과' 때문이다.

사람들은 자신의 욕구를 충족시켜 자신의 행위를 완성하려고 한다. 예컨대 갈증이 나면 물을 마시려 하고, 배고프면 먹을 것을 찾는다. 어떤 욕구가 생기면 그것을 충족하기 위해 긴장하게 되고, 곧 행동을 시작한다. 이때 긴장은 욕구가 충족되기 전까지는 사라지지 않다가 충족되고 나서야 비로소 완화된다.

이는 일할 때도 마찬가지다. '성취욕'과 '심리적 긴장'이 없으면 일을 대충하고 게을러지기 십상이다. 공부든 일이든 참을성 없이 작심삼일 한다면 이루어지는 일이 하나도 없을 것이다.

그러나 '성취욕'과 '심리적 긴장'이 강하다고 반드시 좋은 것은 아니다. 심리학자들은 '성취욕'과 '심리적 긴장'이 지나치게 강하면 일과 학업, 그리고 일상생활에서 과도한 걱정과 공황심리가 나타날 수 있다고 말한다. 때문에 능력이 저하되어 오히려 임무를 잘 완성할 수 없거나 심지어 정서불안과 건강 문제가 생길 수도 있다고 말한다.

이야기 심리학

낙양자(樂羊子)와 그의 부인에 대한 유명한 일화가 있다. 공부를 위해 집을 떠난 낙양자가 집 생각이 간절해 학업도 마치지 않고 집으로 돌아왔다. 부인이 물었다. "학업은 다 마치셨습니까?" 이에 낙양자는 "아니요, 집 생각이 간절하여 먼저 돌아왔소."라고 대답했다. 마침 베틀에서 천을 짜고 있던 부인은 벌떡 일어나 가위로 천을 잘라버렸다. 왜 그러냐고 놀라 묻는 낙양자에게 부인은 "공부하겠다고 집을 떠난 사람이 학업을 다 마치지 않고 돌아온 것은 다 완성되지 않은 천을 중간에 찢는 것과 같습니다."라고 대답했다. 부인의 말에 크게 깨달은 낙양자는 그 길로 길을 떠나 학업을 마칠 때까지 집에 돌아오지 않았다.

낙양자는 참을성과 의지는 물론 심리적 긴장감도 부족했다. 그러나 부인의 완곡한 비판이 그를 고무시켜 성공할 때까지 쉬지 않고 열심히 하게 도운 것이다. 일상생활에서도 이런 예는 많다. 심리적 긴장감이 없으면 장기적이고 어려운 임무를 완수하기 힘들다. 반면 심리적 긴장감이 지나쳐 어떤 일이든 시작하면 단번에 끝을 보려는 사람들도 있다. 그들은 자신의 계획이 완벽하다고 생각해 단번에 완성하지 못하면 심리적 만족감을 느끼지 못한다.

갑이라는 사람이 거실에 그림을 걸기 위해 옆집에 사는 을에게 도움을 청했다. 갑이 벽에 못을 박으려는 순간 을이 그렇게 하는 것보다 나무토막 두 개를 먼저 박고 그 위에 그림을 거는 것이 더 좋겠다고 했다. 갑은 을의 의견을 받아들여 을에게 나무토막을 찾아달라고 했다. 이윽고 나무토막을 벽에 박으려는 순간 을이 "잠깐, 잠깐, 나무가 좀 커요. 톱으로 좀 잘라내야겠어요." 라고 말했다. 을은 사방을 뒤져 톱을 찾아냈다. 갑이 톱질을 하는데 을이 이번에는 "이런, 톱날이 너무 무디네요." 하더니 줄칼을 가져왔다. 그런데 줄칼에 손잡이가 없었다. 을은 손잡이를 만들어야한다며 동네 밖으로 나가 작은 나무를 찾아냈다. 그러나 갑의 녹슨 도끼로는 나무를 벨 수가 없어 도끼 가는 숫돌을 찾았다. 숫돌을 고정시키는 데는 또 숫돌 고정용 나무가 필요했다. 숫돌 고정용 나무틀을 만들기 위해 을은 교외에 있는 목수를 찾아갔다. 한편 기다리다 지친 갑은 그냥 벽에 못을 박아 그림을 걸었다. 그날 오후에 갑은 길을 가다가 어떤 상점에서 무거운 전기톱을 들고 나오는 을을 발견했다.

이 이야기는 심리적 긴장감이 지나친 것도 병이라는 것을 보여준다. '백퍼센트 완벽한 순금은 없고 완벽한 인간도 없다.'는 말처럼 사람이 하는 일이 백퍼센트 완벽할 수는 없다.

세세한 모든 부분까지 완벽을 추구하다 보면 결국 행동과 생각이 마비되어 임무를 제때 완수할 수 없다.

심리적 긴장감을 조절하여 적당한 긴장 상태를 유지하자. 이렇게 하면 긴장감이 느슨해져 '게으름'에 빠지는 것은 물론 긴장감이 지나쳐 '완벽주의'를 추구하는 것도 방지할 수 있다.

심리적 긴장감이 지나치게 강하다면 작은 것부터 조절해 나가자. 예를 들어《전쟁과 평화》같은 책을 꼭 한 번에 다 읽을 필요는 없다. 또한 방 안에 먼지가 쌓였다고 하던 일을 멈추고 즉각 청소를 할 필요도 없으며, 하루 밤 사이에 스웨터를 다 짜야 할 필요는 더더욱 없다. 게다가 애초에 끝까지 다 할 필요가 없는 일도 있다.

큰 자극 뒤의 작은 자극은
보잘것없이 느껴진다

베버의 법칙

처음에 큰 자극을 받으면 비교적 약한 두 번째 자극은 잘 견뎌낸다.
이것을 '베버의 법칙'이라고 한다.

한 실험에서 피험자에게 오른손으로 300그램짜리 저울추를 들게
했다. 이때 왼손에 306그램이 넘는 저울추를 들게 했더니 비로소 양
손에 있는 추의 무게가 다르다는 것을 인식했다. 오른손에 600그램을
들었을 때는 왼손에 612그램을 들었을 때 무게의 차이를 느꼈다.

이야기 심리학

만약 신문 값이나 버스요금이 1,000원에서 갑자기 2,000원 혹은 3,000

원으로 오르면 받아들이기 힘들 것이다. 그러나 상대적으로 집값이 1억 원에서 200만원 오르면 많이 올랐다는 느낌이 덜하다.

그 이유는 사람은 처음에 큰 자극을 받을수록 이후의 자극에 둔감해지기 때문이다.

일상생활 곳곳에서 이 법칙이 적용되는 사례를 볼 수 있다. 예를 들어 결혼하고 나니 배우자의 태도가 결혼 전과 달라졌다고 원망하는 사람들이 있다. 서로에 대한 탐색기인 연애 기간에는 사소한 접촉이나 눈길 하나, 말 한마디, 키스 한 번에도 마냥 설레고 강렬한 인상을 받는다. 그러나 결혼하고 나면 예전과 똑같이 행동하더라도 강렬한 느낌은 덜하다. 이는 연애와 결혼이라는 큰 '자극'을 받은 뒤에는 소소한 배려나 친밀함과 같은 작은 행동은 인상적이지 않아 예전과 다르게 느껴지기 때문이다.

기업에서도 조직개편과 인사이동에 이 법칙을 적용하곤 한다.

어떤 직원을 해고하고 싶지만 일이 크게 확대되어 잡음이 생기는 것을 원치 않을 때, 회사는 먼저 이 사람과 관계없는 부서를 상대로 대규모 인사이동이나 감원을 실시한다. 이렇게 다른 직원들에게 충격을 준 다음 서너 차례 인사이동과 감원을 반복한다. 그다음 비로소 원래 해고하고 싶었던 사람을 지목하는 것이다. 이렇게 하면 직원들은 이미 여러 번의 충격에 감각이 둔해져 별 반응을 보이지 않는다.

협상에서도 이 심리전술을 응용할 수 있다. 처음 시작할 때 거절하기 어려운 우대조건을 제시하고 협상이 기본적으로 마무리되어갈 무렵에 다소 불리한 조건을 제시한다. 이렇게 하면 상대방은 비교적 쉽게 받아들인다. 처음 제시했던 우대조건의 자극이 컸기 때문에 이후의 불리한 조건은 상대적으로 작은 자극에 불과해 받아들이기가 쉬운 것이다.

상대방이 받아들이기 어려운 조건을 제시해야 할 때 협상 초기에 자극이 센 '연막탄'을 터뜨려보자. 그런 다음 진짜 원하는 까다로운 조건을 제시하면 상대방은 더 쉽게 받아들일 것이다.

자신의 결점이나 잘못은
잘 안 보이는 법이다

자기합리화 심리

사람들에게 "당신은 스스로가 나쁜 사람이라고 생각합니까?" 하고 물으면 대부분이 그렇지 않다고 대답한다.

　일반적으로 사람들은 자신을 나쁜 사람이라고 여기지 않는다. 설령 자신이 나쁜 행동을 했다 하더라도 변명을 하거나 무의식적으로 다른 사람에게 책임을 전가한다. 이것을 '자기합리화 심리'라고 한다.

이야기 심리학

사람들은 나쁜 짓을 저질러도 잘못을 인정하기는커녕 항상 핑계를 대기 바쁘다.

연쇄살인범도 경찰에 체포되면 자신의 죄는 뉘우치지 않고 오히려 불공평한 사회 때문에 죄를 저질렀다고 변명한다.

공장의 자재를 훔친 도둑도 "나는 회사 물건만 훔쳤지, 사람을 상하게 하지는 않았다!"고 외친다.

부자에게 강도짓을 한 강도범은 "가진 게 돈뿐인 사람인데 뭐가 어때? 그리고 그 돈 모두 합법적으로 번 것도 아니잖아?" 하고 따진다.

이는 모두 극단적인 자기합리화가 가져온 결과이다.

직원들에게 인색한 사장은 이렇게 생각한다. '이 회사는 내 돈 들여 내가 만든 내 것이야. 그리고 구직난도 심각한데 실업자 신세 면한 것만도 다행인줄 알아!'

사람을 때린 사람은 "누가 나한테 욕하래?"라고 으스대고, 욕을 한 사람은 "내 발 밟고도 미안하단 소리도 안한 게 누군데?" 하며 으름장을 놓는다.

부부가 싸울 때도 서로 자기 말만 옳고 자기가 상대보다 더 많이 노력한다고 주장한다.

이것은 다른 사람의 잘못은 쉽게 발견해도 자신의 잘못은 잘 모르는 '자기합리화 심리' 때문이다.

사람은 누구나 자기가 잘못을 저질러 심각한 결과가 나타나도 본능적으로 먼저 '다른 사람의 책임이 아닌가?' 하고 생각하지 '내 잘못은 아닌가?'라고 생각하지 않는다.

시간이 흐른 뒤에야 비로소 남의 잘못이 아닌 바로 자신의 잘못임을 깨닫는다. 그러나 많은 경우 사람들은 자기 자신도 인식하지 못하는 사이에 책임을 다른 사람에게 떠넘긴다. 객관적인 입장에서 자신과 타인을 공정하게 바라보기 어렵기 때문이다.

자신의 잘못을 발견하고 인정할 줄 아는 것은 매우 훌륭한 일이다. 순자(荀子)는 "나는 하루에 세 번 나 자신을 반성한다."고 했다. 우리도 이렇게 항상 자기 자신을 반성하고 잘못을 바로잡도록 노력해야 한다. 그래야 자신도 발전하고 맡은 바 책임도 다할 수 있다.

존중받지 못하면
수치심도 사라진다

철면피 이론

일상생활 속에서 "이런 철면피 같으니라고."라는 말을 자주 한다. 그러나 태어날 때부터 철면피인 사람은 없다. 심리학자들은 모든 사람은 자존감과 수치감을 가지고 태어난다고 한다. 생후 6개월부터 '좋은 얼굴'과 '나쁜 얼굴'을 식별할 수 있다. 아이를 달랠 때 웃으면 아이도 따라 웃고, 인상을 쓰며 고함치면 금세 울음을 터뜨린다. 이것만 봐도 사람에겐 모두 자존감이 있다는 사실을 알 수 있다.

'철면피'적 성향은 성장하는 과정에서 오랫동안 다른 사람의 존중을 받지 못해 수치심이 점점 사라져 형성된 것이다. 이것을 '철면피 이론'이라고 한다.

이야기 심리학

'철면피 이론'은 특히 교육에 시사하는 바가 크다. 아이들의 자존심을 존중해줘야 수치심을 아는 어른으로 성장할 수 있다. 수치심은 손바닥 살과 비슷해 자주 비비거나 자극을 주면 굳은살이 생겨 나중에는 어떤 자극에도 둔감해진다.

성격이 고약하기로 유명한 장 선생은 학생들을 자주 혼낸다. 매일 장난친 학생들을 교무실로 불러 야단친다. 시간이 지나자 학생들도 습관이 되어 예전처럼 장 선생을 무서워하지 않았고, 심지어 대드는 학생까지 생겼다.

반면 학생들은 야단을 잘 안 치는 류 선생을 더 어려워했다. 어느날, 류 선생이 한 학생을 야단쳤다. 거친 말을 하지도, 큰소리를 내지도 않았는데 야단맞은 학생은 수치심에 눈물까지 흘렸다.

이는 류 선생이 장 선생보다 '철면피 이론'을 더 잘 이해하고 있었기 때문에 생긴 결과다. 류 선생은 평소에 아이들을 존중해줘야 아이들에게도 자존심이 생겨 야단 한번에도 즉각 잘못을 고친다는 사실을 알고 있던 것이다. 이와 반대로 야단을 자주 맞은 아이들은 자존심이 무뎌져 어떠한 훈계도 소용이 없다.

아이들의 자존심을 무시하고 다른 사람들 앞에서 걸핏하면 혼내고 야단치면 아이들은 이를 '일상적인'것으로 받아들인다. 그리고 나중에는 웬만한 일에는 부끄러워하지 않는 '철면피'가 되고 마는 것이다. 이런 아이들은 이미 영혼에 상처를 받았기 때문에 쉽게 변화시킬 수 없다.

인간관계에서도 이 심리를 주의해야 한다.

이제 막 결혼한 신혼부부는 서로를 손님처럼 깍듯이 대한다. 그러나 세월이 흘러 서로 친숙해지면 사소한 일에도 싸우게 마련이다. 얼굴을 붉히며 싸우는 일이 잦아져 익숙해지면 서로 수치심도 못 느끼다가 결국 부부간의 애정도 식어버린다.

부모나 선생은 아이들에게, 직장 상사는 부하 직원에게, 나아가 모든 인간관계에서 이 심리를 주의하자. 다른 사람을 비난하거나 야단칠 때는 방법과 정도에 유의하자. 지나친 질책은 서로의 화합을 해칠 수 있으며, 상대방은 점점 당신의 질책에 무뎌질 것이다. 다른 사람의 결점과 잘못을 지적할 때는 가능한 한 완곡한 방법으로, 질책의 정도와 횟수를 조절해가면서 하자.

내가
움직이면
상대도 따라
움직인다

4

어떤 물건을 소유하면
다른 물건들까지 갖추려한다

디드로 효과

18세기 프랑스의 철학자인 디드로(Denis Diderot)에게 있었던 일이다. 어느 날 디드로는 친구에게 고급 실내복을 선물 받았다. 그는 매우 기뻤다. 하지만 그가 이 고급 실내복을 입고 서재를 돌아다니는데 갑자기 자기 주변의 모든 것이 촌스럽게 느껴지는 것이 아닌가? 낡아빠진 가구는 스타일도 제각각이고, 엉성한 바느질 땀이 고스란히 보이는 양탄자 하며 도무지 어울리는 것이 하나도 없었다. 그래서 그는 새 실내복에 맞게 낡은 것들을 하나씩 새 것으로 바꿨다.

그러나 여전히 그의 마음은 편치 않았다. 실내복 하나 때문에 심리적 균형이 깨졌다는 것을 깨달았기 때문이다. 그는 이런 느낌을《나의 옛 실내복과 헤어진 것에 대한 유감》이라는 에세이 속에 담아냈다.

200년 후, 미국 하버드 대학의 경제학자인 줄리엣 쇼(Juliet Schor)는 이 이야기에 착안해 그의 저서 《과소비 미국》에서 '디드로 효과'의 개념을 제기했다. 디드로 효과란, 어떤 물건을 소유하면 이에 맞춰 관련된 다른 물건들까지 다 갖추려는 경향을 말한다.

이야기 심리학

일상생활 속에서도 '디드로 효과'를 쉽게 찾아볼 수 있다. 예를 들어 고급 손목시계를 선물 받았다고 하자. 그러면 이것을 차고 다니기 위해 그에 어울리는 양복, 셔츠, 벨트, 신발, 넥타이, 가죽 지갑까지 모두 비싼 제품으로 바꾼다. 나중엔 안경까지 더 고급스런 제품으로 바꾸고, 향수를 뿌리는가 하면 헤어스타일도 바꾸고, 식사도 더 좋은 곳에서 하고……. 이렇게 소비가 점점 늘어나는 것이다.

보통 새 집으로 이사 갈 때 그 집에 어울리게 인테리어 공사를 새로 한다. 예컨대 바닥에는 대리석이나 원목 마루를 깔고 마호가니 등으로 만든 가구를 들여놓는다. 이런 집에 사는데 옷을 아무렇게나 입고 다닐 수는 없는 법이다. 그래서 내친김에 '입을만한' 옷과 구두와 양말까지 구입한다. 이런 식으로 디드로처럼 다 바꿔가다 보면 어느 순간 집주인도 그 집에 '어울리지' 않다고 생각되어 결국 이혼하게 될 수도 있다.

이런 현상은 엄격히 말해 옳고 그름의 문제가 아니다. 경제발전을 촉진한다는 측면으로 보면 이 현상은 소비와 '내수형 경제성장'을 촉진할 수 있으므로 긍정적이라고 할 수 있다. 그러나 개인적 측면으로 봤을 때는 반드시 경계해야 한다. 인간의 욕망은 끝이 없지만 우리의 경제력은 한계가 있기 때문이다. 맹목적인 소비의 결과는 빚더미일 뿐이다. 물건을 사기 전에 미리 액수에 제한을 두고, 돈을 다 쓰면 신용카드 사용도 멈추자. 한 달 생활비를 책정하고, 그 기준에 다다르면 소비를 중단하는 습관을 기르자.

손실이 발생했을 때
대처하는 방법은 인정하는 것이다

매몰비용 효과

경제학의 많은 개념들은 기업경영은 물론 인생을 이해하는 데도 큰 도움이 된다. '매몰비용 효과'도 그 중 하나이다.

'매몰비용'이란 이미 발생 혹은 회수할 수 없는 비용으로, 잘못 투자하여 회수가 불가능한 투자 자금 등을 말한다. 매몰비용은 과거에 이미 지불한 비용이다. 따라서 현재는 통제할 수 없기 때문에 현재의 행동이나 미래의 결정에 영향을 미치지 않는다. 때문에 투자를 결정할 때 매몰비용은 배제해야 한다.

일상생활 속에도 매몰비용이 많이 있다. 그러나 우리는 생활하면서 매몰비용의 영향을 받아서는 안 된다.

돌이킬 수 없는 일임을 이미 알고 있지만 돌이키려 애쓰거나 이미 놓쳐버린 기회 때문에 속상해하다 결국 건강까지 해친 경험이 한 번씩은 있을 것이다. 이는 그야말로 어리석고 쓸 데 없는 행동이다. 매몰비용이 너무 크기 때문이다. 생활 속에서 매몰비용을 줄이려면 불가피한 실패나 손실이 발생했을 때 그것을 인정한 다음 무시해버리면 된다. 이것을 '매몰비용 효과'라고 한다.

이야기 심리학

10,000원을 주고 오늘 밤 상영하는 영화표를 샀는데 나가려는 순간 갑자기 폭우가 쏟아진다면 어떻게 하겠는가?

고집스럽게 극장에 가서 영화를 본다면 왕복 택시비가 추가로 지출될 것이다. 또한 비에 젖어 감기에 걸릴 위험도 있다. 게다가 감기까지 걸리면 병원비가 추가된다. 이런 과외 지출을 고려하면 최선의 선택은 영화를 포기하는 것이다.

그러나 많은 사람들이 이 원리를 제대로 이해하지 못하고 이미 파묻힌 비용을 '건져' 올리려고 한다. 이미 표를 샀는데 안 보면 돈 낭비라는 생각에 다른 비용은 생각하지 못하고 결국 더 많은 돈을 쓰게 되는 것이다.

이런 상황에 대처하는 가장 현명한 방법은 이미 지출한 비용에 대한 손해를 겸허히 받아들이라는 것이다. 이것 때문에 불필요한 지출을 늘리고 앞으로의 생활에까지 지장을 줄 필요는 없다.

한 노인이 진귀한 도자기 화병을 구입했다. 노인은 화병을 자전거 뒷자리에 싣고 집으로 돌아가는데 그만 끈이 풀어져 화병이 깨져버렸다. 그런데 노인은 돌아보지 않고 계속 달렸다. 이를 지켜보던 어떤 사람이 "이보세요, 당신 화병이 깨졌어요!" 하고 외쳤다. 그러자 노인은 고개도 돌리지 않은 채 "압니다. 이미 깨진 걸 어쩌겠습니까?" 하고는 사라졌다.

노인은 '매몰비용 효과'를 잘 알고 있기 때문에 그렇게 대범할 수 있었다. 많은 사람들이 이런 일을 당하면 자전거에서 뛰어내려 깨진 화병을 보면서 발을 동동 구르며 안타까워하거나 심지어 오랫동안 우울해 할 것이다. 사실 물건은 이미 깨졌는데 후회하거나 안타까워한다고 득이 되는 것은 하나도 없다. 그저 새로운 비용 부담만 늘어날 뿐이다.

많은 사람들이 예전에 했던 일이나 하지 않았던 일을 생각하고 후회하는 데 많은 시간을 허비한다. '만약 그때 더 철저히 준비해 면접에 임했더라면…….' 또는 '회계학과에 진학했더라면…….' 하고 말이다. 그러나 이것은 어디까지나 시간낭비에 불과하다는 것을 명심하자.

 '만약'이란 말 대신 '다음에는'이라는 말을 사용하자. 그러면 과거가 아닌 미래에 초점을 맞출 수 있을 것이다.

어떤 역할을 직접 수행하면
심리적으로 동조하게 된다

역할 동일시 효과

심리학자 짐바르도(Philip G. Zimbardo)는 인간과 환경적 요소가 개인에게 미치는 영향의 정도를 연구하기 위해 1972년에 '모의감옥' 실험을 진행했다. 지원자 중 절반은 '간수'를, 나머지 절반은 '죄수' 역할을 맡게 했다. 간수 역할을 맡은 지원자에게는 제복과 호루라기를 주고 '감옥'에서의 규칙을 훈련시켰다. 한편 '죄수' 역할을 맡은 사람들에게는 죄수복을 입히고 감옥에 감금했다.

하루 만에 모든 참가자들이 역할과 상황에 몰입되었다. 간수 역을 맡은 사람들은 거칠고 적대적으로 변해갔으며 다양한 처벌 방법을 생각해냈다. 반면에 죄수 역할을 맡은 사람들은 무감각해지거나 격

렬하게 반항하기 시작하는 등 심리 붕괴 현상이 나타났다.

짐바르도 교수는 피험자들이 "현실과 착각 사이에 혼돈이 발행하여 맡은 역할과 자아가 혼란스러워진 것이다."고 말했다. 원래 2주일을 계획하고 시작한 이 실험은 훨씬 앞당겨 종료되었다. "우리는 간담이 서늘한 장면을 목격했다. 대다수의 사람이 진짜 '죄수'와 '간수'로 변해 맡은 역할과 진정한 자아를 구분하지 못했다."

센세이션을 불러일으켰던 이 실험은 가상의 역할도 개인을 변화시키는 것을 보여 준다. 사람들은 각자의 역할과 자신을 동일시하여 진짜 자신의 신분을 망각했는데, 이것을 '역할 동일시 효과'라고 한다.

이야기 심리학

배우가 어떤 역할에 깊이 몰입하면 '역할 동일시 효과'가 일어나는 것을 느낄 수 있다. 그래서 동작 하나하나까지 그 인물처럼 표현해 역할을 생동감 있게 그려낸다. 배우가 극에 몰입할수록 역할 동일시 현상도 깊어지고 연기도 더욱 실감나 관객들의 마음을 움직인다. 한편 배우가 극에 너무 깊이 몰입하다 보면 극이 끝나고도 오랫동안 그 역할에서 빠져나오지 못하는 경우도 있다.

역할을 연기하다 보면 그 역할이 바로 자신의 진짜 모습이라고 착각하는 것이다.

이 효과는 여러 방면으로 응용할 수 있다. 예컨대 유치원에서 아이들은 역할놀이를 통해 경찰, 의사, 부모 등 사회적 역할의 특징을 이해할 수 있다.

만약 우리가 회사에서 자신의 '역할'에 깊이 빠져든다면 자신이 맡은 바 업무를 더 철저히 하게 될 것이다.

또한 승진은 새로운 역할의 시작을 의미한다. 처음에는 적응하기 어렵지만 점점 자신의 역할에 '빠져들면' 결국 그 자리에 순조롭게 적응하고, 서서히 잘할 수 있게 된다.

일할 때 자신의 역할에 깊이 빠져들면 더욱 정열적이고 열심히 하게 되어 더 쉽게 성공할 수 있다.

어떤 상품은
가격이 높을수록 더 잘 팔린다

베블런 효과

사람들은 물질적 만족뿐 아니라 심리적 만족을 얻기 위해 소비한다. 이런 심리 때문에 특이한 경제현상이 나타난다. 일부 제품은 가격이 높을수록 잘 팔린다. 이런 현상을 미국의 경제학자 베블런(Thorstein Bunde Veblen)이 처음 제기해 '베블런 효과'라 부르게 되었다.

이야기 심리학

모양이나 가죽의 질이 별 차이가 없는 구두가 일반 구둣가게에서는 몇 만원인데 비해 백화점에서는 몇 십만 원이 넘는 경우가 흔하다. 그런데도 사람들은 주로 백화점에서 구두를 산다. 또한 100만 원짜리 안경테나 600만 원짜리 시계, 심지어 1억을 호가하는 고급 피아노 등등 이런 '천문학'적인 가격의 상품이 날개 돋친 듯이 팔리는 것을 종종 볼 수 있다.

이것이 바로 '베블런 효과'다. 일반적으로 사람들은 비싼 물건일수록 좋다고 생각하는데, 이때 품질과 가격이 정말로 정비례하는지는 따지지 않는다.

미국 애리조나에서 인디안 장식품 가게를 운영하고 있는 캐시는 터키석으로 만든 장식품이 팔리지 않아 골치를 썩고 있었다. 여행 성수기였고 가격도 저렴한데 좀처럼 팔리지 않았던 것이다. 결국 캐시는 해외로 물건을 구입하러 가기 전날 종업원에게 '여기 있는 물건을 모두 2분의 1 가격으로 파세요.'라는 메모를 남겼다. 손해를 보더라도 팔아치우겠다는 생각이었다.

며칠 뒤 돌아와 보니 과연 그 골칫거리였던 터키석 장식품이 다 팔리고 없었다. 그러나 물건 판돈을 세어보니 반값이 아닌 두 배였다. 종업원이 '2분의 1'을 '2배'로 착각했던 것이다.

가격이 더 비싸졌는데 더 잘 팔린 이유는 무엇일까? 바로 '베블런 효과' 때문이다. 비싼 물건이 더 좋다고 생각한 사람들이 심리적 만족을 위해 더 비싼 고급 제품을 사는 것이다.

사회경제가 발전하고 소득이 증가하면서 양과 질을 추구하던 개인의 소비 패턴이 격조와 스타일을 추구하는 쪽으로 변화되었다. 이와 관련해 '베블런 효과'를 이용하면 새로운 경영전략을 모색할 수 있다. 매체 광고를 이용, 제품의 고급스런 이미지를 강조해 '남들과 다른', '명품'이라는 인상을 줌으로써 소비자들의 호감을 끌어내는 것이다.

　베블런 효과는, 소비 패턴이 질과 양을 따져 구입하던 단계에서 감성구매로 넘어가는 과도기 단계에서 활용하면 성공할 확률이 높다. 경제가 발전한 지역에서는 감성소비가 이미 트렌드가 되었다. 따라서 경제적 능력이 있는 소비자가 이런 감성구매를 선호하면 '베블런 효과'는 시장 점유율을 높일 수 있는 효과적인 전략이 되는 것이다.

가치가 없다고 생각하는
일을 하면 성과도 안 좋다

기대가치 이론

사람들은 자기가 하는 일이 가치가 없다고 생각하면 으레 적당히 해치우려고 한다. 하지만 그러면 성공률도 낮을 뿐 아니라 운 좋게 일을 끝낸다고 해도 별다른 성취감을 느끼지 못한다.

때문에 가치가 없다고 생각하는 일은 더 못하게 되고, 반대로 가치 있다고 생각하는 일은 더 잘해낸다. 이것을 '기대가치 이론'이라고 한다.

이야기 심리학

어떤 쥐가 다른 쥐들에게 "나는 사자도 이길 수 있다."고 떠벌렸다. 다른 쥐들이 이 말을 믿지 않자 그 쥐는 숲으로 사자를 찾아가 소리쳤다. "이봐! 나랑 한판 붙자!"

사자는 고개를 저으며 "싫어." 하고 대답했다.

"너 내가 무서운 거지?" 하는 쥐의 물음에 사자는 그렇다고 대답했다. 쥐는 의기양양해서 돌아갔다. 왜 쥐의 도전을 받아들이지 않았냐는 다른 동물들의 질문에 사자는 이렇게 대답했다.

"내가 도전을 받아들이면 쥐에게는 사자와 결투했다는 영예가 남겠지만 나에게는 쥐와 대결했다는 치욕만 남을 것이기 때문이다."

현명한 사자는 가치 있는 일과 가치 없는 일이 무엇인지를 알았던 것이다. 또한 다른 사람의 자극 때문에 아무 가치도 없는 일에 괜한 노력을 낭비하지도 않았다.

이 일화 속에 바로 '기대가치 이론'이 숨어 있다. 가치가 없는 일은 할 필요가 없다. 설사 한다 해도 좋은 성과가 나오리란 보장이 없기 때문이다.

어떤 일의 가치 여부는 일반적으로 다음의 세 가지 기준으로 판단한다.

첫째, 가치관이다. 자기의 가치관에 부합해야 열정적으로 일한다.

둘째, 성격과 스타일이다. 자신의 성격이나 스타일과 전혀 다른 일을 하면 좋은 성과를 내기 어렵다. 예를 들어 사교적인 사람이 사무실에 틀어박혀 문서정리를 한다거나 내성적인 사람이 영업을 해야 한다면 어떻겠는가.

셋째, 현실적인 상황이다. 같은 일이라도 상황에 따라 느낌이 다르다. 예를 들어 같은 회사에 다녀도 잡일이나 심부름만 하면 스스로 가치가 없다고 느낄 것이다. 그러나 팀장으로 승진하면 달라질 것이다.

가치 있다고 생각하는 일은 대부분 자신의 가치관과 성격에 맞으며 건설적인 일이다. 따라서 만약 당신의 일이 이 세 가지 요소를 충족시키지 않는다면 다른 일을 고려해볼 필요가 있다. '당신이 좋아하는 것을 선택하고, 당신이 선택한 것을 사랑하라.'

두 가지 원칙이 있다면
어떤 것을 따를지 혼란스럽다

시계 이론

시계가 하나일 때는 지금 몇 시인지 정확히 알 수 있지만 두 개라면 정확한 시간을 가늠할 수 없게 된다.

두 개의 시계는 더 정확한 시간을 알려주기는커녕 오히려 정확한 시간에 대한 믿음만 혼란스럽게 할 뿐이다.

때문에 둘 중 더 믿을만한 것을 하나 골라 정확하게 맞춘 다음 그것을 기준으로 삼고 따라야 한다.

이야기 심리학

야오밍(姚明)은 중국인 모두가 알 정도로 유명한 농구 스타다. 그의 농구 실력은 중국뿐 아니라 미국에서도 인정받았다. 그가 미국 NBA 휴스턴 로키츠에 입단한 것만 봐도 알 수 있다.

상식적으로 생각하면 야오밍이 속한 휴스턴 로키츠는 당연히 백전백승하는 최강팀이 되어야 한다. 그러나 야오밍이 입단한 첫 시즌 휴스턴 로키츠 팀은 참혹한 실패를 맛봤다. 그 이유는 무엇일까?

야오밍이 입단하기 전까지 휴스턴 로키츠의 핵심은 프랜시스(Steve Francis)였다. 그러나 야오밍이 입단하고 난 뒤 프랜시스의 핵심적 지위가 흔들렸다. 때문에 휴스턴 로키츠에는 '기존'의 핵심에 새로운 핵심이 더해져 팀워크가 흔들리고 전술이 불분명해졌다. 그래서 중요한 순간 누구에게 공을 주어야 할지 모르는 상황이 발생했고, 우물쭈물하다가 번번이 승리를 놓친 것이다.

휴스턴 로키츠는 팀의 중심이 야오밍과 프랜시스 두 사람으로 나누어져 있던 탓에 명확한 목표를 잃고 강력한 팀워크와 약속된 플레이를 구사하지 못해 팀의 실력을 마음껏 발휘하지 못하게 된 것이다.

한 집단의 핵심은 하나면 충분하다. 핵심이 늘어나면 구성원들은 누구를 따라야 할지 갈피를 잡지 못하기 때문에 결과적으로 단체의 역량을 하나로 응집시킬 수 없다.

이밖에도 일을 할 때는 주도적인 하나의 원칙, 혹은 하나의 가치관을 따라야 한다. 원칙이 많으면 많을수록 사람들은 혼란스러워질 뿐이다.

아버지와 아들이 나귀를 팔러 장에 가는 길이었다. 부자가 나귀를 끌고 가는데 지나가던 사람이 말했다. "걸어가면 피곤할 텐데 나귀를 타고 가지 그래요?" 그 말에 아버지는 아들을 나귀에 태웠다. 다른 사람이 이것을 보고는 말했다. "부모를 공경할 줄 모르는군. 어떻게 아버지를 걷게 하고 자기가 타고 가는 거지?" 그래서 이번에는 아버지가 나귀에 올라탔다. 이번에는 또 다른 사람이 참견했다. "아버지가 돼서는 아이는 걷게 하고 자기 혼자 나귀를 타고 간담?" 이 말에 아버지는 아들과 함께 타고 가면 더 이상 시비 거는 사람이 없을 거라고 생각해 아들도 나귀에 태웠다. 그러나 어떤 사람이 와서는 부자를 나무랐다. "당신들 나귀를 잡을 셈이요? 힘이 다 빠진 나귀를 누가 사겠소?" 부자는 할 수 없이 나귀에서 내려왔다. 결국 두 사람은 나귀를 긴 봉에 매달아 어깨에 메고 갔다. 이 모습을 본 사람들은 그 부자를 비웃었다.

이 이야기를 봐도 일을 할 때는 하나의 원칙만 고수해야 한다는 사실을 알 수 있다. 여러 사람의 다양한 가치관을 조절하는 것은 어려운 일이다. 따라서 하나를 선택하여 기본 원칙으로 삼아야 한다.

지도자는 한 집단 내에 한 명이면 충분하다. 일을 할 때도 가장 핵심적이고 기본적인 가치관을 정하자. 그러면 다른 가치관들이 충돌할 때 취사선택을 할 수 있다. 가정에서도 아버지와 어머니가 통일되고 일관된 태도를 보여야 아이들을 효과적으로 지도할 수 있다.

대부분의 사람들은
마감에 이르러서야 일을 한다

최후통첩 효과

대부분의 사람들에게는 늑장을 부리는 습관이 있다. 당장 끝내야 할 일이 아니면 대부분 마감시간이 다 돼서야 열심히 한다. 어떤 일을 할 때, 항상 충분한 준비가 안 된 것 같아 미룰 수 있을 때까지 미뤘다가 더 이상 미룰 수 없을 때가 되면 그제야 일을 시작하는 것이다. 이것을 '최후통첩 효과'라고 한다.

이야기 심리학

이런 사례는 일상생활에서도 흔히 찾아볼 수 있다. 시장판매부서에서 일하고 있는 샤오류는 시장 판촉 이벤트 업무를 맡고 있다. 그에게는 안 좋은 업무 습관이 있는데 닷새간의 준비기간이 주어지면 나흘은 그냥 흘려보내다가 마지막 닷새째가 돼서야 허둥지둥 매장에 연락하고, 제품을 준비하고, 판촉사원을 뽑는 것이었다. 때로는 마지막 일초를 남겨놓고 일을 끝내 안도의 한숨을 내쉬기도 했다.

학교에서도 이런 현상을 찾아볼 수 있다. 월요일에 선생님이 숙제를 내주고 금요일까지 제출하라고 하면서, 물론 그 전에 제출하는 게 좋다고 아무리 강조해도 화요일부터 목요일까지 숙제를 내는 학생은 극히 드물다. 대부분 금요일이 돼서야 숙제를 제출한다. 그러나 같은 숙제를 수요일까지 제출하라고 하면 학생들은 수요일까지 다 제출한다.

미루는 것도 습관이다. 일을 미뤄버릇하는 사람들은 대체로 자신은 막중한 심리적 물리적 압박을 받아야 일을 더 잘해낸다고 착각한다. 하지만 사실 이는 자기기만에 불과하다. 심리학자들은 "사람은 압박을 받으면 일을 더 못한다."고 지적한다. 중국의 유명한 무협소설 작가 김용(金庸)은 '마감 스트레스'를 받으며 쓴 글은 만족스럽지 않다고 말했다.

심리학자들은 사람들이 일을 미루는 진짜 이유는 일에 대한 공포라고 지적했다. 공포를 없애는 유일한 방법은 미루지 않고 곧바로 행동하는 것이다. 즉 가능한 한 빨리 일을 마치면 그 공포에서 벗어날 수 있다.

　'최후통첩 효과'를 지혜롭게 이용해 합리적인 목표와 계획을 세우자. 그리고 그 기한 내에 일을 마치도록 자신을 격려하고 채찍질하자. 이렇게 하면 마감시간이 돼서야 허둥대며 일하는 상황도 없을 테고, 긴장감을 유지해 업무효율도 향상시킬 수 있다.

나를
변화시키는
소소한
일상들

5

생존에 대한 위협이 클수록
자살 가능성은 낮아진다

자살의 법칙

심리학자들이 자살에 대해 연구한 결과 생존의 위협이 클수록, 다른 사람과 비교하지 않을수록 자살 가능성이 낮았다. 자살은 절대적인 조건이 아닌 상대적인 조건에 따라 결정되는 것이다. 이것을 '자살의 법칙'이라고 한다.

이야기 심리학

뇌물수수 혐의로 경찰에 붙잡힌 사람이 있다. 두려움과 수치심에 자살을 결심했지만 감옥에 들어가 사형수들을 보니 마음이 바뀌었다. 자살은커녕 사형만 면했으면 좋겠다고 생각했다. 이것은 인간이 생존에 위협을 받았을 때 쉽게 자살을 떠올리지 않는다는 것을 보여준다.

사회학자들의 조사에 따르면 1, 2차 세계대전 기간 동안 재산과 가족을 잃은 사람들과 중국에서 3년간 이어진 자연재해 시기에 굶주려본 사람들 가운데 자살을 선택한 사람은 극소수였다고 한다. 또한 1918~1919년 유럽에 급성 전염병이 퍼져 3,000만 명이 숨졌지만 자살 사건이 발생했다는 보고는 한 건도 없었다.

비슷한 예로 중국 '문화대혁명'을 들 수 있다. 문혁 초기에는 거리에서 군중 비판을 받으며 온갖 모욕과 고초를 당한 고위 간부의 자살률이 비교적 높았다. 그러나 중기와 말기에는 자살률이 크게 떨어졌다. 한편 생활의 질과 정치적 분위기가 '문혁'시기와는 비교도 안 될 만큼 좋아진 오늘날, 자살률은 오히려 그때에 비해 크게 증가했다. 안정되고 생존위협이 적은 환경에서 살면 사람들은 다른 사람과 자신을 비교하기 시작한다. 그러면 심리적 불균형이 생겨 자살률이 높아지는 것이다. 또한 다른 사람과의 격차가 클수록(다른 사람은 돈도, 친구도 많아 늘 풍족한데 나는 아무것도 없고 외롭다고 느낄 때) 자살을 선택할 가능성이 높다.

어떤 역경에도 가슴을 활짝 펴고 평온한 심리상태를 유지하자. 생명은 모두 소중하다.

좋은 기분은 건강을 높이고
나쁜 기분은 건강을 해친다

기분과 건강의 상관관계

인체의 생리활동은 물질적 활동이고, 심리활동은 비물질적 활동이다. 이 두 활동은 불가분의 관계로 상호 영향을 주고받으면서 우리 몸의 조화를 유지한다.

나쁜 기분이 오랫동안 지속되면 신체건강은 물론 정신건강까지 해친다. 마음의 병이란 사회적, 심리적 원인으로 인해 생기는 것으로 신경증, 근심, 공포, 강박, 의심증 등으로 나타난다. 그리고 심신의 병은 심리적 불안정이 몸에 나타난 것으로 1차성 고혈압, 관상동맥경화성 심장병, 위궤양, 천식 등이 있다.

그러나 기분 좋은 상태를 오랫동안 유지하면 건강에도 긍정적인 영향을 미쳐 신체 건강은 물론 혹시 병이 나도 빠르게 회복할 수 있다.

이야기 심리학

기분이 건강에 막대한 영향을 끼친다는 사실은 여러 연구를 통해 이미 널리 알려진 사실이다. 긴장과 걱정은 건강 최대의 적이다.

중세의 이란 의사인 이븐 시나(Ibn Sina)는 양을 이용해 동물 실험을 했다. 숫양 두 마리를 각각 다른 우리에 넣고 똑같은 먹이를 주었다. 그중 한 마리 곁에 늑대 우리를 놓아 양이 항상 늑대를 볼 수 있게 했다. 늘 불안에 떨던 양은 얼마 못 가 죽고 말았다. 반면에 아무 위협도 당하지 않은 양은 건강하게 잘 살았다.

이 실험은 부정적 정서가 건강에 얼마나 큰 영향을 미치는지 여실히 보여주는 예다. 이는 인간도 마찬가지다.

405명의 중환자를 연구한 결과 292명(72퍼센트)이 젊었을 때 심각한 심리적 위기를 겪은 것으로 나타났다. 정상인들에겐 10퍼센트만이 이런 위기가 있었다.

그렇다면 심리적 불안정을 유발하는 요인은 무엇일까?

인간관계의 충돌, 정신적 육체적 고통, 홍수, 지진과 같은 자연재해의 위협, 이혼, 수감, 모욕, 배우자 혹은 가족의 갑작스런 죽음, 사업실패 등이다.

이런 상황에 놓였을 때 기분을 적절하게 조절하지 못하면 건강까지 해칠 수 있다.

반대로 심리적 안정은 건강에 긍정적인 역할을 한다. 불안정한 정서는 병을 '유발'하고, 정서적 안정은 병을 '치료'하는 것이다.

의학 연구 결과에 따르면 환자 가운데 51퍼센트는 자가조절 기능만으로도 병을 치유할 수 있는 것으로 나타났다.

19세기 영국의 과학자인 마이클 패러데이(Michael Faraday)는 젊었을 때 늘 두통으로 잠을 이루지 못했다. 한 의사가 그에게 "어릿광대가 마을에 오면 의사가 필요 없네." 하고 말했다. 패러데이는 이 말에 크게 깨우쳐 서커스 공연을 자주 관람했다. 서커스를 보면서 그는 내내 포복절도하도록 웃었고, 얼마 후 패러데이의 건강은 놀라울 정도로 좋아졌다. 이것이 뒷받침되어 그는 위대한 과학적 업적을 낼 수 있었다.

늘 낙관적이고 즐거운 마음상태를 유지하도록 노력하자. 어려움이나 스트레스도 넉넉한 마음으로 긍정적으로 대하면 쉽게 이겨낼 수 있고 건강하게 장수할 수 있다.

피로는 주로 심리적 요인에서
비롯되는 경우가 많다

 # 기분과 피로의 상관관계

과학자들은 인간의 뇌가 피로회복에 필요한 시간이 궁금했다.

그래서 실험을 한 결과, 두뇌만 놓고 본다면 8~12시간 후에 일을 다시 시작하면 시작할 때와 같은 속도와 효율을 나타내는 것으로 나타났다.

어쩌면 두뇌는 피로를 거의 느끼지 않는다고 할 수 있다. 그렇다면 정신노동을 하면 왜 피로할까? 심리학자들은 우리가 느끼는 피로감은 고민, 원망, 소외감, 회의, 조급, 초조, 걱정 등 부정적인 기분이 작용한 탓이 크다고 말한다.

이야기 심리학

스포츠 중계방송에서 이긴 팀은 여전히 활기가 넘치는데 반해 진 팀은 맥없이 축 늘어져 있는 것을 볼 수 있다. 양 팀 모두 똑같이 체력을 소모했는데도 상황과 기분에 따라 느끼는 피로의 정도가 다른 것이다.

실제로 이긴 팀은 승리와 관중들의 환호에 고무되어 피로를 느끼지 않고 심지어 체력이 회복된 느낌까지 받는다. 그러나 진 팀은 실망감은 물론이고 관중과 감독, 그리고 가족과 친척들의 무언의 질책 등 때문에 피로감에 휩싸이는 것이다.

누구에게나 하는 일에 흥미가 없거나 싫증이 나면 쉽게 피로를 느끼지만 좋아하는 일을 하면 기운이 넘쳤던 경험이 있을 것이다.

성공한 사람들이 성공할 수 있었던 이유 중의 하나는 자기가 하는 일을 사랑했기 때문이다.

비즈니스 컨설턴트인 브라이언 트레이시(Brian Tracy)는 다음과 같이 말했다. "브리태니커 회사에서 일하면서 영업업무가 제 적성에 맞다는 걸 알았습니다. 세일즈는 일이라기보다는 일종의 취미였습니다. 그래서 야근을 해도 시간이 아깝지 않았고, 어렵게 공부해도 피곤하지 않았습니다. 머리를 조금 더 쓰면 아이디어가 하나씩 튀어나왔고 그게 또 즐거웠습니다."

"지식이 늘어나고 잠재능력이 개발되는 것을 느낄 때 저는 기뻤습니다. 다른 사람의 발전을 도울 때도 같은 기쁨을 느꼈습니다. 어쩌면 사람들은 이것을 쓸데없는 일이라고 생각할 수 있지만, 제가 새로운 분야를 공부하는 것도 다 고객에게 더 나은 서비스를 제공하고 싶어서입니다. 이런 생각이 들 때마다 저는 당장 나가서 고객을 만나고 싶어집니다."

자신의 일에 이렇게 큰 열정을 지닌 사람이 일을 대충대충 할 리 없고, 이렇게 꾸준히 열심히 하다보면 성공은 따라오게 마련이다.

가능한 한 자기가 흥미를 느끼고 좋아하는 일을 선택하자. 그래야만 열정이 생기고 피로가 줄어든다. 더불어 성공할 가능성도 더 높아진다.

휴식과 식생활도
정서에 영향을 미친다

생물학적 상태와 정서의 상관관계

일반적으로 사람들은 외부 요인, 즉 주변에서 발생하는 사건 때문에 자신의 기분이 변한다고 생각한다. 그러나 심리학자들은 정서의 변화가 반드시 외적 요인 때문에 일어나는 것은 아니며 자신의 몸 내부의 '생물학적 리듬'도 기분에 영향을 미친다고 말한다. 구체적으로 말하면 음식, 건강 상태, 활력에 따라 기분이 달라진다.

이야기 심리학

스트레스가 많고 생활 리듬이 빠른 사회에서 살고 있는 현대인은 과중한 업무와 스트레스 때문에 늘 수면부족에 시달린다. 연구 결과 수

면부족은 우리의 정서에 큰 영향을 미치는 것으로 나타났다. 잠이 부족한 사람은 사소한 일에도 더 쉽게 짜증낸다.

그렇다면 성인에게 적당한 수면 시간은 몇 시간일까? 이를 알아보기 위해 과학자들이 실험을 했다. 피험자 14명을 한 달 동안 매일 밤 14시간 동안 어둠 속에 있게 했다. 첫날 피험자들은 약 11시간 동안 잤다. 아마도 이전에 부족했던 수면을 보충하는 듯했다. 그 후 피험자들의 수면시간은 평균 8시간이었다.

이 실험을 진행하는 동시에 하루에 두 번씩 피험자들의 심리 상태를 조사했는데, 피험자들은 잠을 충분히 잤을 때 기분이 더 좋다고 말했다.

따라서 좋은 기분을 유지하기 위한 첫 번째 조건은 바로 충분한 수면이라는 것을 알 수 있다.

이 밖에 대뇌활동에 필요한 에너지는 모두 우리가 섭취한 음식에서 나온다. 때문에 음식도 정서에 영향을 미친다.

많은 의사들은 커피 한 잔으로 아침을 때우는 사람들이 기분이 안 좋다고 느끼는 것은 당연하다고 말한다. 그러면서 유쾌한 기분을 유지하려면 건강한 식습관을 유지해야 한다고 강조한다. 예를 들어 정해진 시간에 식사하고(아침을 거르지 말자), 커피와 설탕 섭취를 줄이고(지나친 흥분을 유발한다), 매일 적어도 물 여섯 컵을 마신다(탈수는 쉽게 피로를 느끼게 한다).

최신 연구에 따르면 탄수화물은 사람의 기분을 안정시키고 편안한 느낌이 들게 한다고 한다. 또한 탄수화물은 뇌의 신경전달물질의 분비를 증가시키는데, 이들 물질은 인체에서 자연적으로 생성되는 진정제로 알려져 있다. 그렇다면 탄수화물을 함유한 식품에는 무엇이 있을까? 쌀, 잡곡과 같은 곡물과 각종 과일 등이다. 이 밖에도 과학자들은 비타민과 아미노산이 인간의 정신건강에 도움이 된다고 말한다.

과학자들은 성격이 거칠고 괴팍하고 비관적인 사람들이 영양 개선을 한 이후 성격이 좋아진 사례를 많이 보았다고 한다. 영양 개선으로 대뇌에서 정상적인 기분을 유지하는 데 필요한 노르아드레날린을 크게 증가시켜 정서가 안정된 것이다. 이 물질은 우울증을 예방하는 데 큰 도움이 된다.

몸과 마음은 서로 뗄 수 없으며 미묘한 영향을 미친다.
심신의 건강을 유지하기 위해 건강한 식습관을 유지하고 충분한 휴식을 취하자.

신체 상태를 바꾸면
기분도 바꿀 수 있다

행동과 기분의 상관관계

기쁠 때 사람들은 만면에 미소를 띠며 흥겨워한다. 그러나 기분이 나쁘면 의기소침하거나 두 눈에 생기가 없다. 이는 인간의 심리상태가 신체의 상태에까지 영향을 미친다는 뜻이다.

그렇다면 반대로 신체의 건강은 심리상태에 영향을 미치지 않는 것일까? 심리학자들은 영향을 준다고 말한다.

예를 들어 디스코클럽에 가서 20분 정도 춤을 추면 흥겨워질 것이다. 이때 즐겁냐고 물으면 "당연하죠." 라고 대답할 것이다.

이것은 흥겨운 동작만 취해도 기분이 좋아진다는 것을 보여준다. 또한 몸과 마음이 서로 영향을 주고받는다는 뜻이다.

따라서 기분을 전환하는 가장 효과적인 방법은 몸 상태를 바꾸는 것이다.

이야기 심리학

일본인은 사업 수완이 탁월하기로 세계적으로 유명하지만 동양인 특유의 내성적인 성격이 강하다. 즉 일본인은 사업할 때 웬만해서는 자신의 감정을 드러내지 않는데, 특히 웃음에 인색했다. 때문에 상대방은 중압감을 느끼고 융통성이 없다는 인상을 받는다. 한편 일본인의 주요 무역 파트너인 서양 사람들은 대부분 외향적이었다. 이런 문화적 차이는 비즈니스에까지 영향을 미쳤다.

때문에 일본인들은 자신의 기분을 더 잘 표현하기 위해 여러 가지 방법을 생각했다.

어떤 기업의 사장은 직원들에게 업무시간 30분 전에 웃음 트레이닝을 시켰다.

사장은 모든 직원에게 젓가락을 입에 물라고 했다. 이렇게 몇 분 동안 있다가 젓가락을 빼면 웃는 표정이 되는데, 이 상태에서 살짝 소리를 내면 진짜 웃는 것처럼 보인다.

이 방법은 동작이 심리상태에 영향을 미친다는 사실에서 착안한 것으로 일부러라도 웃는 표정을 만들어 친근한 분위기를 만든 것이다.

일상생활에서도 이 원리를 이용하여 기분을 전환할 수 있다. 연구 결과에 따르면 화가 났을 때 거울을 보면서 웃으려고 노력하면 몇 분 뒤 정말로 기분이 좋아진다고 한다. 못 믿겠다면 한번 시험해보라.

고개가 자꾸 숙여지고, 어깨가 축 늘어지고, 다리가 천근만근처럼 느껴질 때가 있을 것이다. 이럴 때는 당연히 기분도 안 좋다. 그러나 숨을 크게 들이마시고 고개를 꼿꼿이 세우고 가슴을 쭉 펴고 얼굴에 환한 미소를 짓고 활기찬 태도를 취하면 어느새 기분이 점점 좋아지는 것을 느낄 수 있다. 그리고 껑충껑충 뛰면서 걸어보라. 이렇게 하면 온몸에 활력이 느껴져 심각한 표정은 금세 사라지고 마음도 한결 가벼워질 것이다.

또한 자신감을 갖고 싶다면 자신 있는 것처럼 행동하라. 씩씩하고 당당하게, 두 눈에 힘을 주고 허리를 쭉 펴고 빠르게 걸어라. 그러면 자기도 모르게 조금씩 자신감이 차오르는 것을 느낄 것이다.

즐거운 표정이나 동작으로 기분을 유쾌하고 자신감 있고 희망차게 바꿀 수 있다.

사람은 날씨에 따라
기분도 달라지게 마련이다

날씨와 기분의 상관관계

정신치료 전문가들은 사람의 기분은 어느 정도 날씨의 영향을 받는다는 사실을 발견했다. 날씨가 나쁠 때에는 피곤, 무기력, 건망증, 어지러움, 신경과민, 우울, 수면부족, 편두통, 주의력 감퇴, 공포, 오한, 식욕부진, 소화불량, 신경질, 짜증 등이 쉽게 생긴다. 반대로 화창하고 맑은 날에는 유쾌한 기분이 들어 심신건강을 유지하기 쉽다.

이야기 심리학

적당한 햇빛과 습도에 잔잔한 바람까지 불면 기분이 상쾌하고 편안해짐을 느낄 것이다. 그러나 일주일 내내 비가 오면 뚜렷한 이유 없이 기분이 가라앉는다.

이런 기분 변화를 단순히 '감상적이어서'라고 치부할 수는 없다. 날씨가 기분에 미묘한 영향을 미친다는 것은 과학적으로도 증명된 사실이기 때문이다. 예를 들어 한랭기후 지역에 사는 사람들은 겨울에 햇빛이 적어 쉽게 우울해지며 피로감과 졸음도 자주 느낀다.

'태양은 만물을 성장하게 한다.'는 말이 있다. 즉 식물이 광합성 작용을 하는 것처럼 인간도 햇빛이 잘 드는 집에서 살아야 건강해진다는 뜻이다.

심리학 연구 결과에 따르면 햇빛이 충분한 지역에 사는 아이들이 더 활발하고 생기가 넘치는 것으로 나타났다. 형광등에도 태양광 속에 있는 자외선이 포함되어 있어 건강에 도움이 된다. 자폐적 성향의 사람을 빛이 충분한 지역에서 생활하도록 했더니 자폐적 행동이 반으로 줄었다. 빛이 부족하면 눈의 피로와 구토, 두통, 우울, 답답함 등의 증상이 나타난다.

실제로 프랑스에서 흐리고 비오는 날이 오랫동안 계속되자 우울증 환자가 급격히 증가했다. 이에 질병관리국은 환자들에게 빛을 쬐게 해 우울증을 치료하는 인공태양치료법을 실시하여 치료효과를 톡톡히 봤다.

기후는 일정한 지역에서 여러 해에 걸쳐 나타난 날씨의 평균 상태를 말한다. 학자들은 개인의 성격은 생활하는 지역의 기후와 밀접한 관계가 있다는 사실을 발견했다. 날씨는 기분에 영향을 미치는데 이것이 오랫동안 지속되면 한 사람의 성격에도 영향을 미친다는 것이다. '그 지방의 풍토가 그 지방 사람의 특징을 만든다.'는 말이 있다. 거의 모든 사람이 기후의 영향에서 완전히 벗어날 수 없다는 얘기다. 오랫동안 열대 지역에서 생활한 사람은 비교적 거칠고 화를 쉽게 낸다. 위도가 높은 냉대 지역은 기후가 한랭하고 햇빛이 적어 우울증 발병률이 높다. 습윤한 지역에 사는 사람들은 정이 많고 민감하고, 초원에 사는 유목민은 대부분 성격이 호방하다. 산간 지역에 사는 사람들은 대부분 솔직하다. 한편 창작활동을 하는 데는 15~18도가 유지되면서 맑고 쾌적한 기후가 가장 적당하다. 이런 곳에서 장기간 생활한 사람들은 두뇌가 잘 발달하여 문학과 예술적 성과가 비교적 많다.

이유 없이 기분이 가라앉거나 몸 상태가 안 좋을 때가 있다. 이는 날씨 탓일 수도 있다. 가능한 한 기후가 좋은 곳에서 생활하도록 하자. 날씨 좋은 곳으로 여행을 떠나는 것도 기분 전환에 도움이 된다.

색깔에 변화에 따라
사람의 심리도 변한다

색깔과 기분의 상관관계

심리학자들은 색깔도 사람의 심리에 영향을 미친다고 말한다. 일반적으로 붉은색은 정열과 포만, 사랑의 감정을 유발한다. 노란색은 기쁘고 명랑한 기분을, 녹색은 평화를 상징하고 안정, 편안, 온화한 느낌을 불러일으킨다. 파란색은 고요하고 시원하고 상쾌한 느낌을 주어 기분을 밝게 한다. 회색은 우울하고 공허한 느낌을, 검정색은 엄숙하고 슬픈 느낌을 준다. 백색은 우아하고 순결하고 경쾌한 느낌을 준다.

이야기 심리학

검은색으로 칠한 교량이 있었다. 이 다리 위에서 자살하는 사람이 해마다 끊이지 않았다. 그래서 교량의 색을 하늘색으로 바꾸었더니 자살률이 현저히 줄어들었다. 나중에는 아예 분홍색으로 칠하자 아무도 이곳에서 자살하지 않았다.

그 이유는 무엇일까?

심리학적 관점에서 보면, 색깔이 사람의 기분에 영향을 미친 것이다. 검은색은 사람을 침울하게 하기 때문에 보고 있으면 고통과 절망이 더 커져 자살의 문턱에서 고민하는 사람들을 더 자극한다. 그러나 하늘색과 분홍색은 따뜻하고 희망적이어서 절망스런 기분을 없애준다.

색깔은 사람의 정서뿐 아니라 신체 건강은 물론 맥박이나 손아귀 힘에도 영향을 미친다. 실험 결과 노란색 방에서는 맥박이 정상이었고, 파란색 방에서는 조금 느렸으며 붉은색 방에서는 빠르게 뛰었다.

프랑스 생리학자들의 실험결과에 따르면 붉은색 조명 아래서는 손의 악력이 평소보다 두 배 강해졌으며, 오렌지색 조명에서는 반 배 강해졌다.

학자들은 임상실험을 통해 색깔치료를 연구했다. 그 결과 고혈압 환자가 짙은 갈색 안경을 쓰면 혈압이 낮아지고, 붉은색과 파란색은 혈액순환을 촉진하며, 흰색, 연파랑, 연녹색, 연노랑으로 칠한 방에서 환자를 생활하게 하면 마음이 안정되고 편안해져 건강회복에 도움이 되었다.

심리 상태에 따라 특정한 색을 선택하여 기분을 조절해 보자. 가령 우울하면 밝은 색 옷을 입거나 파스텔 톤으로 침실을 꾸미거나, 기분에 따라 컴퓨터 모니터 색을 바꿔보자. 그러면 기분이 한결 나아질 것이다.

음악에 따라
분위기와 기분이 달라진다

음악과 기분의 상관관계

음악은 사람의 감정에 묘한 영향을 미친다. 음악은 기분을 조절하고, 마음을 달래주어 걱정근심에서 벗어날 수 있게 해준다. 그러나 나쁜 음악은 심신에 부정적인 영향을 미쳐 우울하고 초조하게 하기도 한다.

이야기 심리학

독일의 음악가 마이어베어(Giacomo Meyerbeer)가 어느 날 부인과 말다툼을 했다. 그는 기분을 가라앉히기 위해 쇼팽의 '야상곡'을 연주했다. 피아노를 치면서 음악의 매력에 흠뻑 빠진 덕분에 방금 전의 불쾌한 기분을 서서히 잊을 수 있었다.

단단히 화가 났던 부인 또한 아름다운 선율에 매료되어 자기도 모르게 피아노 곁으로 다가와 남편을 꽉 끌어안았다.

쇼팽의 '야상곡'이 흐르는 가운데 부부는 화해했다.

음악의 아름다운 선율에 심취하면 무한한 기쁨과 함께 몸이 가벼워지는 것 같은 느낌이 든다. 아울러 음악에 맞춰 노래 부르면 감정을 표출할 수 있고 기쁨과 편안함을 느낄 수 있다. 또한 활기도 되찾을 수 있다.

뉴욕대학 의학센터의 연구에 따르면 음악이 질병의 발병을 막고 건강 회복에 도움이 된다고 한다. 또 다른 연구에서도 음악이 통증을 완화시켜준다는 사실이 증명되었다. 실제로 환자에게 30분 동안 클래식을 듣게 했더니 안정 효과가 나타났다. 이밖에도 음악과 긴장완화 훈련을 통해 고혈압, 편두통, 위궤양 같은 스트레스성 질병을 완화할 수 있다는 연구 결과도 있다.

그러나 모든 음악이 유익한 것은 아니다. 실험 결과 록음악을 들으면 초조해지고, 클래식을 들으면 심리적으로 안정을 느낀다고 한다.

더 극단적인 예로 '글루미 선데이(Gloomy Sunday)'라는 음악을 들 수 있다. 이 곡을 듣고 나면 기분이 극도로 가라앉고 우울해져 심각한 경우 염세주의에 빠져 자살을 선택하기에 이른다. 이처럼 음악이 정서에 미치는 영향력은 매우 크다.

매일 시간을 내어 아름다운 음악을 듣자. 클래식, 경쾌한 소품곡, 은은한 국악과 동요 같은 음악은 긴장과 피로를 풀어준다. 특히 스트레스와 긴장에 시달리는 사람들은 아름다운 음악을 많이 들어야 한다.

모든
인간관계는
심리전의
연속이다

6

마음을 털어놓으면
상대방의 호감을 살 수 있다

자기개방

'자기개방'이란 다른 사람에게 자기의 속내를 털어 놓고 자신을 솔직하게 드러내는 것이다. 자기개방의 효과를 의심하는 사람들은 자기의 결점이나 약점과 같이 내면적인 정보를 노출하면 자신에 대한 상대방의 호감이 오히려 떨어지는 게 아닐까 염려한다. 그러나 사회심리학자들의 실험 결과, 자기를 개방하면 그 사람에 대한 호감도가 더 상승하는 것으로 나타났다.

이야기 심리학

유명한 소프트볼 선수인 스티브는 인터뷰에서 "당신도 운적이 있나요?"라는 기자의 질문에 이렇게 대답했다. "그럼요, 운적 있죠. 눈물을 흘릴 줄도 알아야 진정한 남자라고 생각합니다." '남자라면 쉽게 눈물을 보여서는 안 되죠.'라는 상투적인 말을 할 줄 알았던 사람들은 의외의 대답에 놀라움을 금치 못했다. 어쨌든 그는 수만 관중을 매료시킨 스포츠 스타가 아닌가! 그러나 그의 진솔한 대답에 사람들은 그에게 더 열광했다.

인간관계에서 중요한 것은 서로를 아는 것이다. 상대를 믿고 흉금을 털어놓아야 관계가 더 돈독해진다. 항상 마음을 활짝 열고 성의 있는 태도로 사람을 대하면, 상대방은 당신을 믿을 만하고 친근감 있는 사람이라고 판단하기 때문이다. 이렇게 되면 상대방도 마음을 열어 더 적극적으로 당신과 친해지려 할 것이다. 명심하자! 다른 사람과 마음을 나누는 친구가 되고 싶다면 먼저 자기 마음과 생각을 솔직하게 표현해야 한다.

일반적으로 사람들은 속마음을 드러내지 않는 사람보다 솔직한 사람을 더 좋아한다. 때문에 자기를 노출하기 싫어하는 사람은 다른 사람과 친밀한 관계를 맺기 어렵다.

단, 속마음을 드러내는 것에도 정도가 있다. 너무 자기 이야기만 하면 사람들은 당신을 상황파악 못하고 자기중심적인 사람이라고 생각한다. 이에 심리학자들은 상대에 따라 자기개방의 수위를 조절해야 한다고 조언한다.

솔직하고 성실하게 자기의 생각과 감정을 이야기해야 진정한 친구를 얻을 수 있다.

인간은 자기와 비슷한 사람에게
호감을 느낀다

유사성의 원리

'유유상종이다.', '한통속이다.'라는 말도 있듯이 인간은 자기와 공통점이 많은 사람에게 쉽게 끌리고 관계도 더 빠르게 발전한다.

심리학자들도 실험을 통해 이런 현상을 증명했다.

심리학자들은 대학생들을 대상으로 설문조사를 한 다음, 이들을 두 조로 나누어 한 집에 같이 살게 했다. 1조는 특징이 비슷한 학생들끼리, 2조는 특징이 전혀 다른 학생들끼리 모아 같이 살게 했다. 며칠 뒤 특징이 비슷한 학생들은 서로 친해져 좋은 친구가 된 반면 특징이 다른 학생들은 전혀 친해지지 않았다.

이야기 심리학

술에 잔뜩 취한 두 남자가 버스에 올랐다. 그들은 버스에서 잠을 자다 집을 지나쳐 종점까지 가고 말았다. 잠이 깼을 때는 막차도 끊긴 상태였다. 이 두 사람은 전혀 모르는 사이였지만 처지가 같아지자 일종의 동지애를 느꼈다. 그래서 그들은 요금을 반반씩 부담하기로 하고 택시를 탔으며 기분 좋게 떠들면서 집으로 돌아왔다.

일상생활 속에서도 이런 일은 흔하다. 취향과 취미, 종교, 사회에 대한 관점이 비슷한 사람들끼리는 말도 더 잘 통하고 의기투합도 더 잘된다. 태도, 신념, 흥미, 취미, 가치관, 나이, 성별, 학력과 경험 등이 비슷한 사람들은 더 쉽게 친해진다. 동기, 관점, 처세, 목표가 같은 사람들은 의기투합도 더 잘된다.

그렇다면 사람들은 왜 자기와 비슷한 사람을 좋아하는 것일까?

자기와 비슷한 사람과 있으면 공통적인 화제를 찾기가 더 쉽고, 말다툼할 일도 거의 없다. 또한 서로 공감대가 형성되어 심리적인 안정감을 느낄 수 있다.

자신과 공통점이 있는 사람과는 친구가 되기 쉽다. 그러나 공통점이 별로 없는 사람과 좋은 관계를 맺고 싶다면

'서로 다른 점'을 '인정'하고 다른 점보다는 공통점을 찾도록 노력하자.

자신에게 부족한 점을 가지고 있는 사람에게 호감을 느낀다

상호보완의 원리

자신과 비슷한 사람과 더 쉽게 친해지지만 다른 점이 많은 사람들끼리도 친밀한 관계를 유지할 수 있다. 욕구, 흥미, 기질, 성격, 능력, 특기, 사고방식 등이 달라서 오히려 호감을 느끼는 것이다.

즉 상대방이 자신에게 부족한 점을 가지고 있으면 서로 보완이 되기 때문이다. 이것을 '상호보완의 원리'라고 한다. 인간은 남에게 인정받고 싶다는 욕구는 물론 자신의 부족한 부분을 채우고 싶은 욕구가 있다. 때문에 자신의 부족한 부분을 보완해줄 수 있는 사람을 필요로 한다.

이야기 심리학

일반적으로 상호보완의 예는 두 가지로 나눌 수 있다.

첫 번째는 상대가 자신의 필요나 부족한 점을 보충해줄 수 있을 때다. 능력이 부족하고 특기도 없고 둔한 사람은 뛰어난 능력과 남다른 특기가 있는 영민한 사람에게 매력을 느낀다. 의존적인 사람은 독립적인 사람과 함께 하려 한다. 성격이 급한 사람은 온화한 사람을 좋아한다.

두 번째는 상대의 어떤 특징이 자신의 이상을 만족시킬 때 호감이 급상승하는 경우다. 예컨대 학력 콤플렉스가 있는 사람은 친구를 사귈 때도 학력이 높은 사람을 선호한다.

인간이 다재다능하기란 쉽지 않다. 당연히 잘하는 게 있으면 못하는 것도 있게 마련이다. 그러므로 기업도 여러 인재들이 서로 보완해가야 전체적으로 균형을 이루며 성장할 수 있다.

빌 게이츠는 2000년에 자신의 직책을 최고 소프트웨어 아키텍트(chief software architect: CSA)로 바꾸고 CEO 자리를 스티브 발머(Steve Ballmer)에게 넘겨주었다. 발머는 "빌 게이츠는 자신의 재능을 제품과 기술 전략 분야에 쏟았습니다. CEO의 책임은 또 다른 것입니다. 우리는, 그는 제품과 기술 전략 분야에 집중하고 저는 더 효율적으로 CEO

역할을 수행하자고 암묵적으로 협의했습니다." 빌 게이츠와 발머는 상호보완관계를 이루어 마이크로소프트사의 신화를 창조했다.

이처럼 상호보완은 쌍방 모두의 만족을 전제로 한다. 이 전제가 충족되지 않으면 상호보완을 이루기 어렵다. 예를 들어 고상함과 통속, 정중함과 경박성, 진실과 허위는 상호보완관계가 형성되기 어렵다.

세상에 완벽한 사람은 없다. 장점이 있으면 단점도 있게 마련이다. 직장 혹은 학교에서 능력적인 부분을 서로 보완할 수 있는 사람을 찾자. 그래야 서로 발전할 수 있다.

자기를 좋아해주는 사람에게
더 쉽게 호감을 느낀다

애정의 상호교환

때로는 외모와 지성과 지위를 떠나, 단지 상대방이 나를 먼저 좋아해주기 때문에 나 역시 호감이 생기기도 한다. 다시 말해 인간은 자기를 먼저 좋아해주는 사람에게 쉽게 호감을 느낀다. 이것을 '애정의 상호교환'이라고 한다. 그 이유는 자기를 좋아해주는 사람들을 만나면 유쾌하고 즐거워 기분이 좋아질 뿐만 아니라 다른 사람에게 존중받고 싶다는 욕구도 만족되기 때문이다.

이야기 심리학

같은 반 학생들끼리 사이가 안 좋은 학급이 있었다. 선생님은 반 아이들에게 종이를 한 장씩 나눠주며 자기가 싫어하는 사람의 이름을 적어내라고 했다.

어떤 학생은 30초 동안 겨우 한 사람만 생각해냈지만 어떤 학생은 한 명도 적지 못했다. 반대로 열다섯 명이나 써낸 학생도 있었다.

선생님이 종이를 걷어 통계를 낸 결과, 싫어하는 친구를 많이 적은 학생일수록 반 친구들에게 인기가 없었다. 반면 싫어하는 사람이 없거나 적은 학생들은 자신을 싫어하는 학생 수도 적었다.

이것이 바로 애정의 상호교환이다. 자긍심이 강하고 자신감 넘치는 사람은 다른 사람의 칭찬과 애정에 큰 영향을 받지 않는다. 그러나 자긍심이 약한 사람은 자신감이 없기 때문에 다른 사람들에게 인정받고 싶어 한다. 특히 다른 사람의 애정을 중요시한다. 그러므로 이런 사람들에겐 먼저 애정을 쏟으면 쉽게 친해질 수 있다.

언제나 자신만만하여 다른 사람의 애정이 필요 없는 사람은 없기 때문에 자기를 좋아해주는 사람에게 호감을 느끼는 것은 당연하다.

애정의 상호교환이 일어나는 또 다른 이유는 보답심리 때문이다. "그(그녀)가 나를 이렇게 좋아해 주는데 어떻게 모른 척하느냐."는 것이다. 때로는 실망시키기 싫어서, 다른 사람의 열정에 찬물을 끼얹으면 안 된다는 심리적 압박 때문일 수도 있다. 예컨대 어떤 남자가 자기에게 너무 잘해주면 처음에는 호감이 전혀 없다가도 점점 상대가 좋아지는 것이다.

　다른 사람의 마음을 얻기 위한 최상의 방법은, 먼저 상대를 좋아하는 것이다. 자신의 자존심이나 체면을 버리고 상대의 위신을 세워주면 실리도 챙기고 결국에는 자기의 위상도 높아진다.

상대방에게
'나는 당신편이다'라는 인상을 주라

자기편 효과

관계가 좋을 때는 상대의 관점이나 입장을 쉽게 받아들이고, 더 나아가 비교적 어려운 부탁도 잘 들어준다. 이것을 '자기편 효과'라고 한다. 예를 들어 같은 관점이라도 자기가 좋아하는 사람이 말하면 쉽게 받아들이지만 싫어하는 사람이 말하면 본능적으로 거부한다.

'자기 사람의 일은 융통성 있게 처리할 수 있지만, 다른 사람의 일은 철저히 규칙대로 해야 한다.'는 말도 있다.

이야기 심리학

누구나 사람을 처음 만나면 항상 고향이나 출신학교 등을 물어본다.

그래서 상대가 자기와 동향이거나 동문이면 친근감을 느낀다. 동시에 심리적 거리감이 줄어들어 만약 상대방에게 도움을 청해야 할 상황이라면 말을 좀 더 쉽게 꺼낼 수 있다.

이것이 바로 인간관계에서 무의식적으로 '자기편 효과'를 이용하는 전형적인 사례다. 상대에게 나는 '당신편'이라는 인상을 줌으로써 더 빨리 가까워지는 것이다.

정치인들도 실제로 '자기편 효과'를 이용해 유권자들과의 심리적 거리를 좁혀 더 많은 지지를 얻는다.

링컨(Abraham Lincoln)이 대통령 선거활동을 하던 때의 일이다. 경쟁 상대가 그의 출신을 놓고 공격했다. 하지만 링컨은 아주 현명하게 반격하여 유권자들의 마음을 얻었다.

링컨은 연설에서 이렇게 말했다. "내 재산이 얼마나 되냐고 묻는 사람이 있습니다. 저에게는 가치를 따질 수 없이 소중한 아내와 아들이 있습니다. 또한 임대한 사무실이 있고, 그 안에는 탁자 하나와 의자 세 개가 있습니다. 벽에는 큰 책꽂이가 있고 책꽂이엔 제법 괜찮은 책들이 있습니다. 저는 키가 크고 말랐고 얼굴도 길어서 부자가 될 상은 아닙니다. 저는 아무 데도 기댈 곳이 없습니다. 저에게는 여러분밖에 없습니다."

"저에게는 여러분밖에 없습니다."라는 마지막 한마디에 감동받은 유권자들은 링컨을 '자기편'이라고 생각하여 그를 지지했다.

상대에게 '자기편'이라는 인식을 주기 위해서는 첫째, 두 사람의 공통점을 부각시키고, 둘째, 평등한 관계를 유지하며, 셋째, 원만한 성격을 갖추어야 한다.

심리학 연구에서도 명랑하고 솔직하며 너그럽고 성실한 사람이 인간관계에서 영향력이 큰 것으로 나타났다. 반대로 오만하고 자기중심적이며 언행이 불일치하는 사람, 거기다 잘난 척하고 질투하며 따지기까지 좋아하는 사람은 누구에게도 환영받지 못하고 영향력도 적다. 원만한 성격을 갖도록 노력하자. 그래야 인간관계에서의 영향력도 커진다.

사람들은 빈틈이 있는 사람을
더 좋아 한다

실수 효과

모든 것이 완벽해 보이는 사람이 있다. 그러나 사람들은 이런 사람을 별로 좋아하지 않는다. 뛰어나지만 어딘가 부족한 면이 있는 사람을 더 좋아한다. 미국의 심리학자 엘리엇 애런슨(Elliot Aronson)은 사람들은 능력도 뛰어나고 완벽한 사람보다 능력이 뛰어나지만 여느 보통 사람들처럼 부족한 점이 있는 사람을 더 좋아한다고 말했다. 이것이 바로 '실수 효과'이다.

이야기 심리학

중국 '문화대혁명' 시기의 문학작품 속에는 사회주의혁명에 앞장서는 영웅들이 자주 등장한다. 이들은 대부분 강하고 위대하고 완벽하다. 이처럼 화장실도 안 갈 것 같이 완벽한 인물들은 현실감이 없어 독자들에게 지속적으로 사랑받지 못했다.

그 이유는 사람들은 대체로 완벽한 사람은 인간미가 부족하다고 생각하기 때문이다. 오히려 성격이 조금 모나거나 개성이 강하고 어딘가 약간 부족한 면이 있는 사람에게 더 친근감을 느낀다.

세상에 완벽한 사람은 없다는 사실을 누구나 잘 알고 있다. 때문에 남들보다 완벽해 보이는 사람은 다른 사람에게 가식을 떤다고 의심받기도 하고, 완벽을 추구하는 그 자체가 결점이 되기도 한다.

또 다른 이유는 완벽한 사람과 함께 있으면 상대적으로 열등감을 느끼기 때문이다. 그러나 완벽해 보이는 상대에게도 자기와 같은 결점이 있다는 사실을 알게 되면 심리적 열등감이 누그러져 관계를 지속적으로 유지하고 싶어 한다.

이밖에 지나치게 완벽을 추구하다 보면 본인은 물론 주위 사람들도 피곤해진다. 자신에 대한 기준을 남에게도 적용하면 주변 사람들의 심리적 부담이 커지기 때문이다.

'물이 지나치게 맑으면 물고기가 없다.'는 옛말이 있듯이,

사람들도 '완벽한' 사람을 좋아하지 않는다. 다른 사람들이 자기를 좋아하길 바란다면 완벽주의를 버려라. 가벼운 실수가 때론 친근감을 불러일으켜 인간관계를 더 매끄럽게 할 수도 있다.

외모는 첫인상을 결정짓는
가장 중요한 요인이다

#외모로 판단하는 심리

사람들은 외모에 따라 상대를 평가하는 경향이 있다.

한 심리학 실험에서 피험자들에게 작가 사진이 있는 텍스트를 읽게 했다. 예쁜 작가와 못생긴 작가, 수준 높은 글과 낮은 글이 섞여 있었다. 그러나 작가의 외모와 글의 수준이 일치하는 것은 아니었다. 실험 결과 피험자들은 예쁜 작가의 글에 높은 점수를 주었고, 못생긴 작가의 글엔 비교적 낮은 점수를 주었다. 이 실험으로 봤을 때 사람들은 외모가 아름다운 사람에게 더 쉽게 호감을 느낀다는 것을 알 수 있다.

그러나 장기적으로 봤을 때 외적 아름다움보다 내적인 아름다움이 더 강력한 위력을 발휘하는 것으로 나타났다. 한 실험에서 연구자는 피험자들을 나흘 동안 매일 한 시간씩 만나게 했다. 첫날 설문조사 결과 피험자의 32퍼센트가 외모로 다른 사람들을 판단했고, 20퍼센트가 내면을 나타내는 성격 등을 기준으로 판단한 것으로 나타났다. 하지만 둘째 날, 상황이 조금 달라졌다. 23퍼센트가 외모로 판단했고, 33퍼센트가 내면적인 것으로 판단한 것이다. 셋째 날에는 26퍼센트가 외모로, 34퍼센트가 내면적인 것으로 판단했다. 넷째 날에는 23퍼센트가 외모로, 48퍼센트가 내면적인 것으로 판단했다. 이것은 만남이 오래되고 깊어질수록 외모보다 내면적인 것이 더 큰 영향력을 미친다는 사실을 나타낸다.

이야기 심리학

《삼국지(三國志)》에 나오는 이야기다. 걸출한 인재 방통(龐統)이 손권(孫權)을 찾아가 동오(東吳)를 위해 일하고 싶다고 했다. 그러나 손권은 방통의 못생긴 외모만 보고 거절했다. 노숙(魯肅)이 몇 번이나 그를 등용하라고 권했지만 소용없었다. 손권은 방통의 외모만 보고 그의 진면목을 간과한 것이다.

사람들은 왜 외모로 사람을 평가하는 것일까?

그 이유는 첫째, 예쁜 사람을 보면 마음이 편해지고 미적인 만족감을 느끼기 때문이다.

둘째, 후광효과 때문이다. 대체로 사람들은 예쁜 사람은 다른 일도 잘할 것이라고 믿는다.

셋째, 영화나 텔레비전을 보면 사랑받는 쪽은 대부분 예쁜 사람이다. 때문에 사람들은 자기도 모르게 예쁜 사람이 더 사랑받을 가치가 있다고 여긴다.

넷째, 예쁜 사람과 같이 있으면 자기도 아름답다고 느껴져 우쭐해진다. 실제로 아름다운 이성과 같이 있으면 다른 사람에게 더 긍정적인 평가를 받는다.

예쁜 사람들은 어릴 때부터 특별한 대접을 받는다. 엄마는 늘 애지중지하고 잘못해도 심하게 야단치지 않고, 커서는 많은 이성들로부터 관심과 사랑을 받는다. 학교에서도 선생님들은 예쁜 아이들에게 더 높은 점수를 주는 등 예쁜 사람들은 여러 가지 특혜를 누린다.

조사에 따르면 외모가 출중한 사람이 보통인 사람보다 돈을 더 많이 벌고 더 좋은 직업을 갖고 있는 것으로 나타났다. 그리고 외모가 보통인 사람은 못생긴 사람보다는 좀 나은 편이다. 캐나다에서 실시한 연구 결과에 따르면 예쁜 사람이 못생긴 사람보다 수입이 75퍼센트나 많은 것으로 나타났다. 또한 취업할 때 같은 조건이라도 예쁜 사람의 합격 비율이 외모가 보통인 사람보다 높았다.

인간관계의 초기단계에서는 외모가 비교적 많은 영향을 끼치는 것이 사실이다. 상대를 평가할 수 있는 가장 눈에 띄는 조건이기 때문이다. 이런 이유로 많은 사람들이 입으로는 '사람을 외모로 평가해선 안 된다.'고 말하지만, 실제로는 쉽게 외모의 '노예'가 된다.

그러나 장기적으로 봤을 때 외모의 영향력은 한계가 있다. 관계가 오랫동안 지속되면 내적인 면을 더 중요시 여기게 마련이다. 처음엔 못생겼다고 생각했던 사람도 오랫동안 만나다 보면 어느새 익숙해져 별로 못생겼다고 생각하지 않는다. '제 눈에 안경', '아름답기 때문에 사랑하는 것이 아니라 사랑하기 때문에 아름다운 것이다.'라는 말도 있듯이 인간관계에서 외모가 절대적인 것은 아니다.

실제로도 예쁜 얼굴 하나만 보고 사람을 사랑하는 경우는 드물다. 쌍둥이 중 한 명을 사랑한다고 해서 다른 한 명도 사랑할 수 있는 것은 아니듯 말이다.

첫 만남이나 짧은 만남에서, 외모는 상대를 평가하는 데 일정한 비중을 차지한다. 타고난 외모를 바꾸기 어렵다면 패션과 그 밖의 스타일을 변화시켜 얼마든지 상대의 호감을 살 수 있다. 그러나 외모가 주는 매력은 결코 오래가지 않는다는 사실을 명심하자. 인간관계를 장기적으로 원만하게 유지하기 위해서는 외모보다 내적인 매력을 키우는 것이 훨씬 더 중요하다. 내적 수양을 쌓아야 진정한 매력을 발산할 수 있다.

만난 시간보다
횟수가 많을수록 정이 쌓인다

만난 횟수의 법칙

여러 번 반복적으로 기억하는 것이 한 번 오랫동안 기억한 것보다 더 효과적이다. 이것을 인간관계에 적용하면, 만난 시간이 긴 것보다 만난 횟수가 많을수록 더 강한 인상을 남겨 친밀감을 형성하기 쉽다는 얘기다. 이것을 '만난 횟수의 법칙'이라고 한다.

이야기 심리학

오랫동안 왕래가 없었던 사람에게 갑자기 부탁할 일이 생겼는데 선뜻 연락하기가 망설여진 적이 있을 것이다. 연락도 없다가 갑자기 부탁을 하면 민망하고 서먹하기 때문이다. '3년 동안 왕래가 없으면 친척도 멀어진다.'라는 말처럼 누구라도 오랜만에 만나면 어색하다.

중국은 전통적으로 '평소에는 향도 피우지 않다가 급할 때 부처님 발을 끌어안는' 행동을 경멸한다. 즉 평소에는 거들떠보지도 않다가 급할 때만 찾아오는 사람을 싫어하는 것이다.

비즈니스에서도 마찬가지이다. 시장 경쟁이 치열한 오늘날, 소비자는 다양한 선택을 할 수 있다. 고객이 일하고 생활하는 곳에 자주 찾아가 얼굴을 보여야 당신에 대한 존재가 각인되고, 그래야 고객이 관련 제품이나 서비스가 필요할 때 제일 먼저 당신을 떠올리는 것이다.

미국의 유명한 프리랜서 작가 바우만(Peter Bowerman)은 그의 저서《프리랜서 작가가 되는 법》에서, 자신은 매일 여러 회사를 돌며 일이 없는지 늘 살폈다고 말했다.

그랬더니 고객들이, 필요한 일이 생기면 '매일 같이 찾아오는 자기'를 바로 떠올리고 그에게 일을 맡겼다는 것이다. 바우만은 이런 방법으로 여러 일을 따냈고 단골도 많이 확보할 수 있었다.

이런 방법은 매우 효과적인 전략이다. 인간관계에서 이 전략을 잘 이용하면 적은 노력으로도 큰 효과를 볼 수 있다.

또한 만나는 횟수는 늘리되 시간은 줄이면 자신의 단점이 노출될 기회가 적어 사람들에게 좋은 인상을 남길 수 있다.

상대방과 긴밀하고 친근한 관계를 맺고 싶다면 자주 연락하고 찾아가자. 평소에 관계를 돈독히 해두면 상대방의 도움이 필요할 때 부탁하기가 한결 쉬워진다.

사람들은 호의를 받으면
비슷하게 보답하려 한다

보답 심리

상대방에게 호의나 도움을 받으면 나도 비슷하게 갚아야 한다는 생각을 한다. 이것을 '보답심리'라고 한다.

몇 년 전 한 대학교수가 실험을 했다. 그는 모르는 사람들을 무작위로 선정하여 크리스마스카드를 보냈다. 교수는 답장을 보내오는 사람은 몇 안 될 것이라고 생각했다. 그러나 결과는 교수의 예상을 뛰어넘었다. 카드를 받은 거의 모든 사람들이 답장을 보내온 것이다. 게다가 그들은 교수가 누구인지 알아보지도 않았다.

이 결과를 봤을 때 사람들은 남에게 뭔가를 받으면 보답하려는 경향이 있다는 것을 알 수 있다.

이야기 심리학

사람들은 상대방에게 도움을 받으면 자신도 상대방을 그만큼 도와야 한다고 생각한다. 그리고 생일 선물을 받으면 자신도 상대의 생일을 기억했다가 선물을 주고, 초대를 받으면 나중에 자신도 상대를 초대한다.

이런 행동은 모두 보답심리에서 나온 것이다.

보답은 인간관계에서 중요한 행동규칙 중 하나이다. 이 규칙을 지키지 않으면 따돌림을 당하거나 '배은망덕한 사람', 혹은 '은혜도 모르는 사람'이라는 꼬리표가 붙는다. '가는 정이 있어야 오는 정도 있다.', '받으려면 먼저 주어야 한다.'는 말도 있다. 우정과 사랑을 유지하려면 이 심리를 명심해야 한다.

도움을 받으면 꼭 보답하도록 하자. 제때 보답하지 않으면 자칫 자기 잇속만 챙긴다는 인상을 심어주어 인간관계에 부정적인 영향을 미칠 수 있다.

과도한 호의는
오히려 관계를 멀어지게 한다

거리조절 심리

보답심리를 보면 사람들은 상대에게 도움이나 호의를 받으면 그와 비슷하게 보답하려 한다는 사실을 알 수 있다. 그러나 결코 절대적인 것은 아니다.

상대에게 적절한 호의를 베풀면 상대도 상응하는 보답을 하겠지만, 과도한 호의는 오히려 상대를 멀어지게 한다. 이것을 '거리조절 심리' 라고 한다.

이야기 심리학

만약 당신이 다른 사람에게 지나치게 잘해줬다고 하자. 이것은 일종의 '과잉투자'인 셈인데, 안타깝게도 이는 역효과만 불러일으킨다.

첫째, 건전한 정신의 소유자라면 모든 인간관계는 대등한 위치에서 이루어져야 한다고 생각한다. 때문에 한쪽이 다른 한쪽에게 일방적으로 베푸는 관계는 오래 유지되기 어렵다.

심리학자 조지 호만스(George C. Homans)는 인간관계의 본질은 사회적 교환이라고 말했다. 여기서 교환이란, 시장에서 상품을 사고팔 때의 원칙과 같아서 사람들은 인간관계에서도 자신이 지불한 만큼의 대가를 바란다는 것이다. 그러나 만약 자기가 지불한 것보다 더 많이 받으면 심리적 균형이 깨져 보답할 수 없다고 생각한다. 또한 마음속에 내내 꺼림칙하게 남아 상대방과 점점 더 멀어지려고 한다.

사회초년생들은 종종 '좋은 일을 한 번에 많이' 하려는 실수를 범한다. 상대를 위해 최선을 다하면 관계가 더 밀접해진다고 생각하기 때문이다. 그러나 실제는 이와 정반대다. 다른 사람을 대할 때는 항상 여지를 남겨두어야 한다. 아무리 좋은 일이라도 과하게 하지 말고, 상대방이 보답할 수 있는 기회를 주어야 한다.

둘째, 상대에게 과도한 호의를 베풀면 상대방이 이런 호의에 무뎌질 수 있다. 그래서 처음처럼 많이 해주지 않으면 상대는 오히려 불만스러워 한다. '쌀 한 말로는 은인이 될 수 있지만 쌀 한 섬은 적이 된다.'라는 옛말도 바로 이런 이치이다.

　어떤 일이든 적정선을 유지하자. 자고로 지나침은 부족
한 것만 못한 법이다. 이것은 인간관계에서도 마찬가지다.
　부모라면 아이를 지나치게 사랑하여 응석받이로 만들지
말자. 그렇지 않으면 아이가 부모의 사랑에 감사할 줄 모른
다. 부부 사이에서도 한쪽이 주기만 하면 상대방의 호의에
익숙해져 고마운 줄 모른다. 친구 사이에도 한 사람이 일방
적으로 상대에게 베풀기만 하면 머지않아 우정에 금이 갈
것이다.

사람들은 기분이 좋을 때
남을 더 잘 돕는다

기분과 선행의 상관관계

사람들은 기분이 좋을 때 남을 더 잘 돕는 특이한 심리적 특징을 보인다. 한 심리학자가 이와 관련된 실험을 했다. 공중전화부스에, 마치 앞사람이 잊고 남겨둔 것처럼 동전을 놓아둔 다음 피험자에게 공중전화를 걸게 했다. 동전을 주운 피험자들은 대부분 기뻐했다. 실험자는 공중전화부스 근처에서 기다리다가 피험자가 나오자 일부러 그 앞에서 책을 떨어뜨렸다. 이때 대다수의 피험자가 책 줍는 것을 도와주었다. 이번에는 동전을 놓아두지 않고 다른 피험자에게 공중전화를 걸도록 했다. 공중전화부스에서 동전을 줍지 못한 피험자들 중에서는 소수만이 떨어진 책을 주워주었다. 이 실험을 봐도 사람들은 기분이 좋을 때 남을 더 잘 돕는다는 것을 알 수 있다.

이야기 심리학

좋은 일 하나에 갑자기 삶이 아름답고 행복하다는 느낌이 든 적이 있을 것이다. 이때 다른 사람에게 작은 도움을 주는 것은 그리 어려운 일이 아니다.

이런 심리를 이용해 좋은 일이 있는 사람에게 한턱내라고 하거나 도움을 청하면 평소보다 쉽게 응할 것이다. 예를 들어 몇 십만 달러짜리 복권에 당첨되어 기뻐하는 사람에게 한턱내라고 하면 아마도 흔쾌히 그렇게 할 것이다.

일본의 보험왕 하라 잇페이(原一平)는 사람들의 이런 심리를 보험 세일즈에 절묘하게 적용했다.

고객이 "보험가입액은 얼마나 되죠?" 또는 "매월 얼마씩 납부해야하죠?" 하고 물으면 그는 이렇게 대답했다. "그 문제는 먼저 고객님이 보험에 가입할 수 있는지 신체검사를 한 후에 말씀드리겠습니다. 고객님이 빨리 신체검사를 받는 일이 우선입니다." 고객이 신체검사를 통과해 보험가입이 가능하면 그제야 보험 가입액이나 보험료를 설명했고, 보험가입 절차가 다 끝나면 그는 그 자리에서 바로 첫 회 보험료를 받았다.

신체검사가 통과되면 고객들은 자신의 건강이 증명되었다는 생각에 기분이 좋아져 보험료를 납입하라고 하면 대부분 순순히 보험료를 내기 때문이다.

그런데 이 기회를 놓치고 다시 고객을 방문해 보험료를 받으려 하면 그때처럼 좋은 기분으로 내지 않는다는 것이다. 그리고 그는 보험료를 받으면 바로 자리를 뜨라고 조언했다. 사람들은 돈을 지불하고 나면 불편한 느낌이 들게 마련인데, 시간이 좀 지나면 생각을 바꿀 가능성이 높기 때문이다.

'밖에 나갈 때는 하늘의 색을 살피고 안으로 들어갈 때는 주인의 안색을 살펴라.'는 말이 있다. 부탁할 일이 있다면 상대가 좋은 일을 겪은 직후나 기분 좋을 때 말하자. 이때 부탁하면 상대방은 비교적 흔쾌히 들어줄 것이다.

설득의
성공은
분위기가
결정한다

7

때론 말보다 몸짓에
더 많은 정보가 담겨있다

보디랭귀지 효과

생각과 감정을 나누는 도구가 언어만 있는 게 아니다. 자세, 동작, 표정, 시선 등의 '보디랭귀지'로도 생각과 마음을 전달할 수 있다.

심리학자들은 인간은 언어보다 보디랭귀지로 소통하는 경우가 많다는 것을 발견했다. 대인관계에서 보디랭귀지로 소통하는 비율이 65퍼센트 이상으로 나타난 것이다.

이야기 심리학

빌 클린턴(Bill Clinton) 전 미국 대통령이 르윈스키와의 스캔들과 관련해 심리를 받을 때 배심원단에게 증언하면서 분당 평균 26차례 코를 만졌다. 보디랭귀지를 연구하는 일리노이 주의 한 정신과의사는 이 행동을 보고 클린턴 대통령이 거짓말을 하고 있다는 결론을 내렸다. 사람은 거짓말을 할 때 평소보다 코를 많이 만지기 때문이다.

사람은 몸으로 자신을 표현한다. 이것은 잠재의식이며 본능이다. 때문에 '마음과 다르게 말하기'는 비교적 쉽지만 '마음과 다르게 행동하기'는 꽤 어렵다. 경찰서에서 사용하는 거짓말 탐지기도 이런 원리를 이용한 것이다.

일상생활에서도 우리는 본능적으로 상대의 보디랭귀지를 보고 상대방의 심리상태를 추측하곤 한다. 예를 들어,

"오늘 기분이 안 좋아 보이는데. 수염도 안 깎고. 여자 친구랑 싸운 거 아냐?"

"사장님이 내 말에 고개를 끄덕이며 미소를 지으신 걸 보면 내 발표가 흡족하셨던 거야."

그렇다면 심리상태와 보디랭귀지는 어떤 대응관계가 있을까?

포용할 때는 입을 벌리며 크게 웃고 두 손을 벌리고 앞을 똑바로 본다. 호응할 때는 몸을 앞으로 기울여 대화하거나 몸의 긴장을 풀고 두 손을 편다. 겉옷의 단추를 풀거나 두 손으로 턱을 괴기도 한다.

자신감이 있을 때는 턱을 들어 올린다. 앉아 있을 때는 상반신을 앞

으로 기울이고 서 있을 때는 고개를 들고 가슴을 쫙 펴고 뒷짐을 진다. 그리고 주머니에 손을 넣어도 엄지손가락은 노출시킨다.

긴장할 때는 휘파람을 불거나 담배를 피우고 좌불안석한다. 손으로 입을 가리거나 귀를 잡아당긴다. 동전이나 열쇠를 딸랑거린다.

불안할 때는 피부를 만지작거리거나 볼펜이나 손톱을 물어뜯는다.

좌절했을 때는 가쁘게 숨을 내쉬고 두 손을 꽉 쥐고 내려놓지 않는다. 머리를 쥐어뜯고 뒷목을 만진다.

방어할 때는 팔짱을 끼고 힐끔거리며 곁눈질한다. 코를 만지거나 눈을 비비고 입술을 꽉 다문 채로 억지웃음을 짓는다. 턱을 떨며, 말할 때 시선이 위로 향한다. 주먹을 쥐거나 뒷목을 만진다. 두 손으로 깍지를 끼고 머리 뒤로 넘기거나 의자에 깊숙이 앉는다.

거짓말 할 때는 코를 만지거나 말을 더듬고 헛기침을 하거나 시선을 피한다. 눈을 깜박거리거나 침을 삼키고 손톱을 물어뜯는다.

보디랭귀지와 그것이 나타내는 심리상태를 이해하면 상대의 표정과 동작만으로도 상대방의 심리를 얼마든지 알 수 있다. 또한 적절한 보디랭귀지를 사용하면 오해를 막고 좋은 이미지도 심어줄 수 있다.

친한 사람끼리는
자세와 동작이 비슷해진다

자세반사 효과

친한 사람과 이야기하다 보면 서로의 동작과 자세를 따라하게 되는데 이것을 '자세반사 효과'라고 한다.

이야기 심리학

친한 사람과 한창 이야기꽃을 피우다가 문득 자기가 무의식적으로 상대의 동작을 따라하는 것을 발견할 때가 있다. 상대방이 커피를 한 모금 마시면 자기도 한 모금 마시고, 또한 자기가 팔짱을 끼면 상대도 똑같이 팔짱을 낀다.

이처럼 친한 친구나 말이 잘 통하는 사람과 오랫동안 이야기하다 보면 상대의 동작과 자신의 동작이 같아진다.

이 효과를 역으로 이용해 대화할 때 상대방과 비슷한 동작이나 자세를 취하면 심리적 거리감이 줄어들어 더 친밀한 관계로 발전할 수 있다. 한 심리실험에서 피험자에게 처음 만나는 사람들과 각각 대화하게 했다.

첫 번째 사람에게는 피험자와 자유롭게 이야기하게 했고, 두 번째 사람에게는 피험자의 동작과 자세, 습관적으로 사용하는 말과 말하는 속도를 흉내 내도록 했다. 실험 종료 후, 어떤 사람이 더 친근하게 느껴졌냐는 질문에 피험자는 두 번째 사람을 선택했다. 피험자는 두 번째 사람이 자신을 일부러 따라했다는 것도 알아채지 못했다.

일상생활에서도 이 효과를 응용할 수 있다.

아이와 놀 때 아이의 동작을 따라하면 쉽게 친해질 수 있다. 아이는 당신에게 친근감을 느껴 계속 같이 놀고 싶어 할 것이다. 대화할 때도 상대의 동작을 따라하면 상대방의 긴장을 완화시킬 수 있다.

다른 사람과 이야기할 때 상대의 자세와 동작을 따라해 보자. 이렇게 하면 분위기가 더 자연스럽고 친근해질 것이다.

먼저 부정하고 다음에 칭찬하면
쉽게 호감이 생긴다

선 비판 후 칭찬의 원리

미국의 심리학자 엘리엇 애런슨(Elliot Aronson)과 다윈 린더(Darwyn Linder)는 네 가지 다른 평가에 따른 피험자의 반응을 살펴보는 실험을 했다.

첫 번째는 시종일관 부정(-, -)하는 것이다. 이때 피험자는 불쾌해했다.

두 번째는 시종일관 긍정(+, +)하는 것이다. 이때 피험자는 만족스러워했다.

세 번째는 처음엔 부정했다가 나중에 긍정(-, +)하는 것이다. 이때 피험자는 가장 만족스러워 했다.

네 번째는 처음엔 긍정했다가 나중에 부정(+, -)하는 것이다. 이때 피험자는 매우 불쾌해했다.

다른 사람을 평가하거나 상벌을 내려야 할 때 먼저 부정적인 부분을 지적하고 나중에 긍정적인 부분을 부각하면 상대는 기분 나빠 하지 않는다. 반대로 처음에 긍정하고 나중에 부정하면 상대의 불만을 산다.

이것을 '선 비판 후 칭찬의 원리'라고 한다.

이야기 심리학

중국 전국(戰國)시대 송(宋)나라의 저공(狙公)이란 사람이 원숭이를 많이 기르고 있었다.

저공은 원숭이들에게 매일 두 차례, 밤 네 톨씩을 주었다. 몇 년 뒤 원숭이 수가 더 많아져 하루 여덟 톨씩 주던 밤을 일곱 톨로 줄여야 했다. 노인은 원숭이들에게 "오늘부터 아침에는 예전처럼 밤 네 톨을 주고 저녁에는 세 톨을 줄 건데 어떠냐?" 하고 물었다. 원숭이들은 화가 나서 소리를 지르며 난동을 부렸다. 그러자 노인은 황급히 "그럼 아침에는 세 톨을 주고 저녁에 네 톨을 주면 어떻겠냐?"고 묻자 원숭이들은 기뻐서 데굴데굴 굴렀다.

이것이 바로 '조삼모사(朝三暮四)'이다. 사실 아침에 네 개 주고 저녁에 세 개 주는 것이나 아침에 세 개 주고 저녁에 네 개 주는 것이나 결과적으로 양은 똑같다. 단지 방법만 바뀌었을 뿐이다. 원숭이들이 먼저 조금 받고 나중에 많이 받는 것을 좋아한 것은 '선 비판 후 칭찬의 원리'와도 맞아떨어진다.

'천 번 절해도 방귀 한 번 잘못 뀌면 수포로 돌아간다.', '백 번 잘하다 한 번 잘못하면 원수가 된다.'는 말도 다 이런 뜻이다.

이 원리를 회사에서도 응용할 수 있다. 우선 자신에 대한 상대의 기대치를 낮춘 다음 그 기대치보다 조금 나은 태도나 실적을 보이면 상대는 만족스러워한다.

자동차 세일즈맨인 라오리는 차를 매달 30대 이상 판매해 팀장의 칭찬과 기대를 한 몸에 받았다. 그런데 이번 달에는 판매가 순조롭지 않아 열 대밖에 판매하지 못할 것 같았다.

현명한 라오리는 팀장에게 "이 달은 경기가 영 안 좋아 다섯 대밖에 못 팔 것 같습니다." 하고 말했다. 그러나 월말에 이르러보니 예상 밖으로 열두 대나 판매한 것이다. 팀장은 라오리의 실적에 매우 만족해 칭찬을 아끼지 않았다.

만약 라오리가 이 달에 열다섯 대를 팔겠다고 말했다거나 자신의 예상 판매 대수를 말하지 않고 열두 대를 팔았다면 팀장은 그를 야단 쳤을지도 모른다.

상대의 기분을 상하게 하지 않으려면 부정적인 부분을 먼저 거론하고 나중에 긍정적인 면을 크게 부각시키자. 상대에게 조언을 하거나 야단을 칠 때도 마찬가지다. 이밖에 자신의 성과를 부각시키고 싶으면 먼저 자신에 대한 상대의 기대치를 낮추자.

사람들은 종종
자기 기준으로 남을 추측하려한다

투사 심리

심리학자들은 인간은 무의식적으로 자기의 심리적 특징을 남에게도 적용시켜 상대가 자기와 공통적인 특징이 있다고 생각하는 것을 발견했다. 남들도 자기와 똑같이 생각할 것이라고 착각해 종종 '자기 기준으로 상대의 마음을 추측한다.'

예를 들어 채식주의자들은 다른 사람도 당연히 채소를 좋아할 거라고 생각한다. 이익에만 관심이 있는 사람은 다른 사람도 모두 사리사욕만 채울 거라고 생각한다. 게으른 사람은 다른 사람도 자기와 마찬가지일 거라고 생각한다.

이런 현상을 '투사심리'라고 한다.

이야기 심리학

한 출판사에서 앞으로 출판할 책을 결정하기 위한 기획회의를 열었다. 편집자들은 각자의 기획안을 발표했다.

현재 야간 대학원에 다니고 있는 편집자 A는 '졸업논문을 어떻게 쓸 것인가.' 하는 인문 실용서를 내자고 했다. 유치원에 다니는 딸을 둔 편집자 B는 '미취학 아동 교육 총서' 같은 아동 교육서를 내자고 주장했다. 바둑애호가인 편집자 C는 네웨이핑(攝衛平)과 같은 유명한 바둑선수의 바둑을 분석하는 책을 내자고 했다.

편집자들의 기획안은 모두 '투사심리'가 적용된 것이다. 야간 대학원에 다니는 편집자는 성인들을 대상으로 한 교육이, 유치원에 다니는 딸을 둔 편집자는 아동교육이, 바둑을 좋아하는 편집자는 바둑이 제일 중요하다고 생각한 것이다. 실제로 많은 사람들이 이렇듯 자기가 중요하다고 여기면 남도 그렇게 생각할 거라고 착각한다.

사회적 지위와 생활환경, 그리고 경험이 비슷한 사람들은 공통점이 많다. 이는 자연스러운 현상이지만, 이 때문에 다른 사람의 모든 면이 자신과 비슷하다고 여기면 곤란하다. 사람은 모두 각자의 주관과 개성이 있다. 때문에 개개인의 생각은 모두 다르고, 나는 좋다고 여기는 것을 상대는 싫어할 수 있다.

이 간단한 원리를 제대로 이해하지 못해 남에게 자기의 취향을 강요하거나 자신의 기준으로 남을 평가하는 사람이 있다.

예를 들어 부모가 피아노를 좋아한다고 아이에게 억지로 배우게 하면 아이에게 남는 건 스트레스뿐이다.

자기가 쇼핑을 좋아한다고 남자친구를 억지로 데리고 가면 남자친구와의 사이만 멀어진다. 요컨대 이런 행동들은 상대에게 심리적 압박과 부담만 안겨준다.

다른 사람도 자기와 똑같이 생각할 것이라고 착각하지 말자. 입장을 바꿔놓고 생각하는 습관을 기르고 다른 사람은 나와 다르다는 사실을 늘 명심하여 자기 생각을 남에게 강요하지 않도록 하자.

갑작스럽게 부탁하면
상대는 쉽게 응한다

급습 효과

상대가 심리적 준비가 전혀 안 된 상태에서 어렵지 않은 일을 갑자기 시키면 순순히 따른다. 이런 현상을 '급습 효과'라고 한다.

지하철 안에서 두 가지 실험을 했다. 서 있던 승객이 앉아있는 사람에게 갑자기, 그러나 매우 정중하게 "죄송하지만 자리 좀 양보해주시겠습니까?" 하고 말했더니 대부분의 사람이 즉각 일어났다. 이번에는 자리에 앉은 승객에게 조용하고 부드럽게 "저쪽에 계신 분이 자리 좀 양보해달라고 하는데요." 하고 말했다. 하지만 앉아 있던 승객은 그 사람이 연로한 분이 아니라는 것을 보고 들은 척도 하지 않았다.

실험 결과 '갑작스럽게 기습'을 받은 승객 가운데 56퍼센트가 자리를 양보했다. 그러나 두 번째 실험에서는 단 28퍼센트의 승객만이 자리를 양보했다.

이야기 심리학

급습 효과가 나타나는 심리적 원인은 무엇일까?

첫째, 반사 본능 때문이다. 심리적 준비가 안 된 상황에서 어떤 일이 일어났는지도 모른 채 갑작스런 요청을 받으면 사람들은 습관과 상식에 따라 행동한다. 즉 본능적으로 사고가 났다고 여겨 신변안전을 위해 명령에 따른다.

친구들이 담배를 피우며 가볍게 수다를 떨고 있는 방에 갑자기 뛰어 들어가 "담뱃불 꺼!" 하고 외치면 대부분이 담뱃불을 끈다. '무슨 일이 생겼나?' 하는 생각에, 혹은 이유도 모른 채 반사적으로 담뱃불을 끄는 것이다.

둘째, 명령 복종에 익숙하기 때문이다. 어릴 때부터 명령에 따라 움직이는 것이 습관이 되어 갑작스런 명령에 자동적으로 따르는 것이다.

셋째, 복종하는 것이 대항하는 것보다 간단하고 빠르기 때문이다. 대항하려면 많은 생각이 필요하지만 복종은 쉽고 간단하다. 또한 갑작스럽게 명령이 떨어지면 생각하고 따져볼 시간이 없어 자기도 모르게 복종하게 되는 것이다.

부탁할 일이 있으면 갑작스럽게 이야기를 꺼내보자. 쉽게 상대방의 동의를 끌어낼 수 있을 것이다. 반대로 상대가 갑자기 부탁하면 자신은 들어줄 수 있는지도 냉정하게 생각해보자.

작은 부탁을 들어주면
어려운 부탁도 거절하지 못한다

한발 들여놓기 효과

미국의 한 심리학자가 주부를 대상으로 실험을 했다. 무작위로 선정한 주부들을 방문해 창에 작은 팻말을 걸어놔 달라고 부탁했다. 피험자들은 대부분 흔쾌히 승낙했다. 며칠 뒤 실험자는 다시 주부들을 찾아가 좀 더 크고 투박한 팻말을 정원에 세워놓아 달라고 했다. 50퍼센트 이상이 그러겠노라고 대답했다.

한편 실험자는 역시 무작위로 선정한 다른 주부들을 방문해 단도직입적으로 크고 투박한 팻말을 정원에 세워놔 달라고 부탁했다. 그 결과 단 20퍼센트의 주부만이 부탁을 들어주었다.

이 실험은 인간의 심리를 단적으로 보여준다. 즉 사람들은 보통 일단 상대방의 작은 부탁을 들어주면 이후에 상대방이 좀 더 어려운 부탁을 해와도 쉽게 거절하지 못한다는 것이다. 이것이 바로 '한발 들여놓기 효과'이다.

이야기 심리학

일상생활 속에서 누군가에게 소소한 부탁을 하게 될 때가 있을 것이다. 당신의 이런 작은 부탁을 거절할 사람은 드물다. 거절했다가는 자칫 인정머리 없는 사람으로 보일 수 있기 때문이다.

작은 부탁을 들어주었다는 것은 상대방이 심리적 경계를 풀었다는 뜻이다. 이때 좀 더 어려운 부탁을 해도 상대방은 비교적 쉽게 승낙할 것이다.

사람들은 대개 자신이 상대방에게 일관성 있는 사람으로 비치길 바란다. 다시 말해 지난번 부탁은 들어주고 이번 부탁은 거절하면 상대방이 자신을 일관성 없고 도무지 종잡을 수 없는 사람으로 보지 않을까 하는 생각에 좀 더 어려운 두 번째 부탁도 들어주는 것이다. 그러나 만약 단도직입적으로 어려운 부탁을 한다면 성공 확률은 매우 낮아진다.

돈을 잘 빌리는 방법을 알고 있는 사람은 100만 원이 필요할 때 상대방에게 무턱대고 100만 원을 다 빌려달라고 하지 않는다. 일단 10만 원이나 50만 원을 빌려달라고 해서 상대방의 경계심을 다소 늦춘 다음 상대방이 승낙하면 적절한 타이밍에 진짜 필요한 액수를 이야기하는 것이다. 이렇게 하면 상대방은 단번에 거절할 수가 없다.

비교적 어려운 부탁을 해야 하는데 상대방이 들어줄지 확신이 안 선다면 먼저 소소한 부탁부터 해보자. 상대방이 승낙했을 때 비로소 당신이 진짜 원하는 부탁을 이야기하면 거절당할 확률은 크게 줄 것이다.

'이것 아니면 저것' 하고
물어야 협상이 쉬워진다

양자택일 효과

협상에서 상대가 여러 개의 선택을 놓고 망설일 때 선택의 범위를 두 개로 확 줄이면 원하는 결과를 얻을 수 있다. 이것을 '양자택일 효과'라고 한다.

이렇게 하면 상대에게 선택의 기회를 제공하는 것은 물론 자존심도 세워줄 수 있어 보다 순조롭게 합의에 도달할 수 있다.

이야기 심리학

토스트 가게에서 주문을 하는데 "치즈는 한 개 넣을까요? 두 개 넣을까요?"라는 주인의 물음에 자기도 모르게 "한 개요." 하고 대답한 적이 있을 것이다. 원래 치즈를 먹으려고 생각했을 수도 있지만 때론 치즈는 생각도 안 했는데 엉겁결에 대답한 경우도 있을 것이다. 그러나 만약 주인이 "치즈를 넣을까요? 말까요?"라고 묻는다면 "넣지 마세요."라고 대답할 확률이 높다.

일반적으로 사람들은 어떤 일을 할 것인가 말 것인가에 대해서는 쉽게 결정하지 못하지만 몇 가지 중에 하나를 고르라고 하면 비교적 쉽게 선택한다. 고객이 옷을 살까 말까 망설인다면 일단 옷을 두 개 고른 다음 둘 중 하나를 선택하도록 유도해야 한다. 단, 이때 고객이 당신의 의도를 알아차리지 못하게 조심해야 한다.

유능한 판매원은 항상 "몇 개가 필요하세요?", "이 둘 중 어떤 스타일이 좋으세요?", "둘 중에 어떤 색이 마음에 드세요?" 하고 묻는다. 이렇게 생각할 틈을 주지 않고 물으면 고객이 자기도 모르게 둘 중 어느 게 좋은지 생각하기 때문이다.

예컨대 구두 매장에 들어 온 손님에게 "어떤 스타일을 찾으세요?" 하고 운을 뗀 다음 구체적으로 구두를 가리키며 "이 스타일은 심플해서 더 고급스러워 보이고, 저 스타일은 튼튼해서 실용적이에요." 하고 말하면 고객은 판매원의 권유대로 어떤 종류가 자기에게 더 적합한지 생각하게 된다.

판매나 협상을 할 때 상대의 신속한 결정을 이끌어내고 싶다면 두 가지 선택사항을 제안하라. 단, 선택사항 간의 차이가 너무 크면 안 된다. 예를 들어, "만 달러? 아니면 10만 달러?"라고 물으면 상대는 당연히 10만 달러를 선택할 것이다. 이렇게 되면 양자택일의 의미가 없다.

작은 부분을 양보하면
협상에 성공할 가능성이 높아진다

양보 효과

협상에서 교착상태를 타개하려면 양측 모두 적정선에서 양보를 해야한다. 그렇다면 얼마만큼 양보해야 소기의 목적을 달성할 수 있을까?

이에 대해 미국의 심리학자들이 흥미 있는 실험을 했다. 실험자는 피험자와 협상을 하면서 '상대와 똑같이, 조금, 아주 조금'의 세 가지 양보 전략을 구사했다. 그 결과 아주 조금 양보했을 때, 피험자는 더 많은 대가를 치르려고 했다. 반대로 비교적 많이 양보하면 피험자는 작은 대가도 아까워했다.

이는 협상에서 조금 양보하면 상대방의 동의를 끌어내기 쉽다는 것을 여실히 보여준다.

이야기 심리학

한 기업이 S지역에 직원 숙소 등을 갖춘 편의시설을 짓기로 했다.

당시 S지역의 토지 가격은 360만~500만 달러 사이였다. 땅 주인은 420만 달러에 팔기를 바랐다. 한편 그 기업은 토지 매입 과정에서 해당 지역의 매입 독점권을 따냈다.

독점으로 경쟁자가 없어지자 기업의 태도가 강경하게 바뀌었다. 130만 달러에 사겠다고 제안한 것이다. 땅 주인은 그 말에 어이가 없었지만 이미 독점권을 넘겨준 상태였기 때문에 제삼자에게 팔수도 없는 노릇이었다.

몇 개월 간 교착상태가 지속되자 기업이 소폭의 양보안을 내놓았다. "우리도 우리가 제시한 금액이 조금 낮다는 것을 알고 있고, 조금 더 지불할 용의도 있다."고 말했다. 그 결과 주인은 가장 낮은 수준의 가격인 360만 달러에 땅을 팔았다.

기업은 약간의 양보로 자신들의 목적을 달성한 것이다.

물건을 살 때 주인이 먼저 높은 가격을 제시했다가 갑자기 가격을 대폭 낮추면 먼저 부른 가격이 의심스러워 구매를 망설이게 마련이다. 그러나 반대로 강경한 태도를 유지하면서 가격도 조금만 낮추면 손님은 대부분 그 주인을 믿고 물건을 산다.

협상을 할 때 초반에는 다소 강경한 태도를 유지하면서 되도록 적게 양보하자. 그러면 비교적 유리한 결과를 끌어 낼 수 있다. 단, 만약 양측 모두 강경한 태도를 고수한다면 협상이 중단될 수 있기 때문에 시작 가격은 신중하게 제시 해야 한다. 그런 다음에 필요하다면 소폭 양보하면 된다.

홈그라운드에서
경기나 협상을 펼치는 게 더 유리하다

홈그라운드 효과

스포츠 경기에서 홈그라운드에서 하는 경기를 홈경기라고 하고, 상대의 홈그라운드에서 하는 것을 원정경기라고 한다. 예컨대 독일월드컵은 독일팀에겐 홈경기이고, 다른 팀들에겐 원정경기인 것이다.

홈그라운드에서 경기를 하면 홈 팬들의 압도적인 응원을 비롯해 여러 가지로 홈팀에게 유리한데, 이것을 '홈그라운드 효과'라고 한다.

협상도 이와 비슷하다. 자신의 근거지에서 협상을 진행하는 게 더 유리하다.

자신의 근거지에서 협상을 진행하면 별도로 환경에 적응할 필요가 없기 때문이다. 그러나 낯선 곳에서 협상하면 당황할 가능성이 높고 실수하기도 쉽다. 때문에 중요한 협상은 익숙한 곳에서 하는 것이 효과적이다.

이야기 심리학

동물은 자신의 영역에서 자신을 가장 안전하게 보호할 수 있다. 마찬가지로 인간도 자신이 소속된 장소에서 떨어지면 심리적으로 의지할 곳이 없어져 능력을 제대로 발휘하지 못한다. '어디를 가나 내 집이 최고다.'라는 말도 있지 않은가?

홈그라운드에서 협상을 벌이면 평소와 같은 생활을 유지할 수 있어 컨디션 조절이 쉽다. 또한 상사와 동료가 늘 옆에 있기 때문에 언제든지 그들의 도움을 받을 수 있다. 그러나 낯선 곳에 가면 화장실 가는 것도 문제가 될 수 있다.

물론 이는 절대적인 것이 아니며, '홈그라운드'에서 협상하면 불리한 점도 있다. 우선 일상적인 업무를 겸해야 하기 때문에 협상에 대한 집중력이 떨어질 수 있다. 반대로 다른 지역에서 협상을 하면 회의장 배치, 영접과 접대 준비 같은 부가업무도 필요 없을뿐더러 상사와 의논해봐야 한다는 핑계 등으로 오히려 시간을 벌 수도 있다.

경기나 협상은 가능한 한 홈그라운드에서 진행하도록 하자. 그럴 수 없다면 쌍방 모두에게 낯선 곳을 선택하자.

홍보할 때 장단점을
모두 말하는 것이 더 유리하다

장점 홍보 효과와 장단점 홍보 효과

제2차 세계대전이 끝나갈 무렵 이탈리아와 독일이 연일 패배한 후에도 일본은 태평양 지역에서 완강하게 저항하고 있었다. 형세는 연합군이 유리했지만 미국 장교는 이 사실을 병사들이 알면 해이해져 승리에 부정적인 영향을 미칠까 염려했다. 그래서 그는 병사들에게 일본군은 독일처럼 빨리 투항하지 않을 것이기 때문에 전쟁은 상당 기간 계속될 것이라고 말했다.

그러나 장교는 유리한 점만 말해야 할지 유리한 점과 불리한 점 둘다 말해야 할지 몰랐다.

이와 관련해 심리학자들은 어떤 실험을 진행했다. 일부 사병들에게 미군에게 불리한 점만 강조한 것이다. 예를 들어 미국 본토에서 태평양 연합군 기지까지 보급선이 너무 길어 보급이 어렵다든지, 일본이 현지 자원을 통제하고 있고 병사 수도 많으며, 모두 사기가 충천되어 있다든지 하는 말과 함께 마지막으로 적어도 2년간 전쟁이 지속될 것이라고 덧붙였다.

그러나 다른 사병들에게는 앞의 내용과 더불어 연합군의 유리한 점도 말하며 승리하는 데 2년 정도 걸릴 거라고 알렸다.

심리학자들은 여기에서 몇 가지 규칙을 발견했다. 홍보 대상자가 홍보하려는 내용에 대한 지식과 경험이 적으면 한 가지 측면만 강조하는 것이 효과가 높았다. 반대로 그 분야에 대한 지식이 많은 사람에게는 두 가지 측면을 모두 이야기하는 것이 효과가 높았다. 더 많은 정보를 제공하면 홍보대상자가 이익과 손실을 따져 판단할 수 있기 때문이다.

이야기 심리학

이 두 가지 법칙은 일상생활에서도 쉽게 찾아볼 수 있다. 대부분의 광고는 천편일률적으로 '자기자랑'만 늘어놓으며 단점은 전혀 거론하지 않는다. 그러나 세상에 완벽한 것이란 없는 법, 만약 부족한 점이 비교적 쉽게 노출되는 것이라면 판매자가 먼저 장점과 단점을 이야기해야 소비자에게 신뢰를 얻을 수 있다.

한 부동산 중개업자가 M시에 있는 주택 매각 업무를 맡게 되었다. 그 집은 버스 정류장에서도 가깝고 인근에 지하철도 다녀 교통이 매우 편리했다. 그러나 근처에 철 가공 공장이 있어 소음이 크다는 게 문제였다.

그래서 중개업자는 M시의 공단 근처에 사는 고객에게 이 주택을 소개했다. 그 고객은 공단 근처에서 살아 소음에 익숙했고, 위치나 조건, 가격 모두 고객의 요구와 맞아떨어졌기 때문이다.

중개업자는 고객에게 상황을 솔직하게 설명하고 직접 현장에 나가 집을 보여주었다.

"이 집은 다른 곳보다 편리한 점이 많습니다만 부근에 공장이 있어 소음이 큰 것이 단점입니다. 소음 문제만 괜찮으시다면 가격이나 교통 모두 고객님의 조건에 딱 맞습니다."

중개업자의 설명에 고객은 "소음이 크다고 해서 좀 걱정을 하긴 했는데 이 정도라면 괜찮네요. 10톤 트럭의 경적소리가 끊이지 않는 곳에서도 살았는걸요. 게다가 이곳은 오후 5시면 소음이 멈추니 좋습니다."라고 대답했다.

쉽게 드러나는 단점은 먼저 말해야 상대방에게 신뢰를 얻을 수 있다.

상대방이 당신의 관점에 동의하거나 중립적인 태도를 보이면 장점만 이야기하는 게 좋지만, 상대가 부정적이거나 의심한다면 장단점을 모두 이야기하는 것이 훨씬 낫다. 다시 말해 지식이 적고 학력이 낮은 상대에게는 장점을 부각하고, 지식이 많은 고학력자들에게는 장단점을 모두 이야기하는 게 효과적이다.

단기적으로는 감정에
장기적으로는 이성에 호소하라

감성과 이성의 법칙

인간에게는 이성적인 면과 감성적인 면이 있다. 인간은 이성적인 존재로 심오한 철학적 사고와 치밀한 논리성을 가지고 있다. 때문에 이성에 호소하면 쉽게 설득할 수 있다. 인간은 또한 감성적인 존재라 희, 로, 애, 락의 감정이 풍부하다. 그래서 감성적인 면에 호소하면 사람들을 웃게도 울게도 할 수 있다.

그렇다면 이성적인 방법과 감성적인 방법 중 어느 것이 더 효과적일까?

시간이 부족하고 즉각적인 효과를 노린다면 감성에, 시간이 충분하다면 이성에 호소하는 것이 더 효과적이다.

이야기 심리학

영국의 심리학자들이 선거 홍보 실험을 했다. 주민들을 세 집단으로 나누어 그들에게 각각 다른 홍보물을 배포했다.

첫 번째 집단의 주민에게는 감정적 색채가 농후한 후보자의 홍보물을 배포했고, 두 번째 집단에는 후보자들을 논리적으로 설명하는 홍보물을 배포했다. 그리고 세 번째 집단에는 아무것도 배포하지 않았다.

그 결과 첫 번째 집단의 주민들의 충성도가 두 번째 집단보다 높았으며 세 번째 집단의 투표율이 가장 낮았다.

그러나 몇 달이 흐르자 첫 번째 집단에 속한 주민 중 대다수가 태도를 바꾸기 시작했다. 그들의 정치적 태도가 원래대로 돌아온 것이다. 한편 두 번째 집단에 속한 주민들 중에는 소수만이 정치적 태도가 변했다.

이것은 감성에 호소하면 단기간에 빠른 효과를 얻을 수 있지만 장기적으로는 이성적인 설득이 효과가 더 높다는 사실을 증명한다. 감성에 호소하는 것은 외적이고 일시적이어서 잠깐 열정을 일으키다 그치기 때문에 그 효과가 오래 지속되지 못한다.

때문에 일반적으로 선거같이 시간이 제한되어 있고 즉각적인 효과를 봐야 하는 일에는 감성에 호소하는 것이 좋다. 그러나 시간이 충분하다면 이성에 호소하는 것이 좋다.

예를 들어 신상품을 출시할 때 단기적으로 선정적인 광고를 하면 효과가 있을 것이다. 그러나 장기적으로 보면 소비자들은 제품의 품질과 성능에 따라 그 제품을 계속 사용할지 결정한다.

단기 효과를 기대한다면 감성에 호소하고, 안정된 지지를 얻고 싶다면 이성적으로 설득하는 방법을 택하자. 아니면 초기에는 감정에 호소하여 이목을 끈 다음 논리적이고 이성적으로 설득한다면 안정적인 지지를 이끌어낼 수도 있다.

세상을
움직이는
대중심리의
비밀

8

사람은 본능적으로
협력보다 경쟁을 선택 한다

경쟁 우선 심리

사회심리학자들은 인간의 경쟁 심리는 타고난 것이라고 말한다. 대다수의 사람은 자기가 남보다 강해야 한다고 생각한다. 또한 이익이 충돌했을 때 대부분은 경쟁을 선택하며 쌍방 모두의 손실도 불사한다. 설사 쌍방 모두에게 이익이 되어도 대부분 경쟁을 선택하지 상대에게 유리한 '협력'을 선택하지 않는다. 이런 현상을 '경쟁 우선 심리'라고 한다.

이야기 심리학

버스를 탈 때 줄 서서 순서대로 타면 더 빠르다는 것은 누구나 다 알고 있다. 그러나 막상 버스가 도착하면 우르르 몰려가는 탓에 문 앞이 꽉 차 결국 승객 모두의 승차시간이 지연된다.

물론 사람들은 순서대로 타는 것이 빠르다는 사실을 안다. 하지만 정작 차가 오면 이성은 저 멀리 사라져버린다. 조금 양보하고 협력하면 모두에게 좋다는 것을 다 알면서도 마음 한편엔 '왜 내가 양보해야 해?'라는 심리가 있어 누구도 선뜻 양보하거나 협력하지 않는 것이다.

미국에 사는 제임스 부부는 최근 이혼했다. 두 사람의 마음은 상대에 대한 미움으로 가득했다. 법원 판결에 따라 제임스는 자신의 재산 절반을 부인에게 주어야 했다. 하지만 그는 철천지원수 같은 부인에게 그 많은 재산을 주고 싶지 않았다. 그래서 그는 몇 백만 달러나 되는 차와 집을 겨우 10만 달러에 팔아버렸다. 당연히 두 사람 모두 엄청난 손해를 봤다.

원한이 불러온 경쟁 심리는 종종 공동의 손해도 불사한다.

그러나 경쟁의 긍정적인 효과를 부정할 수는 없다. 경쟁은 인간의 본능으로 유한한 자원을 놓고 쟁탈전을 벌이는 과정에서 형성된다. 경쟁은 사회발전을 추진하는 원동력인 동시에 내적 추진제 역할을 해 개인이 자신의 잠재력을 충분히 발휘할 수 있게 한다.

그러나 사회는 여러 구성원 모두가 공존하는 곳이다. '나무 기둥 하나로는 빌딩을 지탱할 수 없을'뿐만 아니라 '혼자서 야구를 할 수는' 없기 때문에 반드시 협력이 필요한 것이다. 그렇다면 인간은 어떤 상황에서 경쟁 혹은 협력을 선택하는 것일까? 연구 결과에 따르면 자극, 상대의 능력, 정보 교환, 개인적 특징에 따라 선택이 달라진다고 한다.

첫째, 자극이다. 자극은 유익한 자극과 유해한 자극으로 나뉜다. 예컨대 칭찬과 벌, 득과 실 등을 말한다. 협력했을 때 유익한 자극과 결과를 얻을 수 있으면 협력을 선택하려는 경향이 높아진다.

둘째, 상대의 능력에 따라 경쟁 혹은 협력을 결정하기도 한다. 상대의 능력이 너무 출중하면 대부분 협력을 선택한다. 계란으로 바위를 치는 상황만은 피하고 싶기 때문이다. 그러나 자기가 한 수 위라고 판단되면 대부분 경쟁을 선택한다.

셋째, 정보 교환도 선택에 영향을 미친다. 상대가 정보를 교환하지 않으면 경쟁을 선택했다고 판단, 이에 자신은 원하지 않더라도 경쟁에 뛰어드는 것이다. 그러나 쌍방이 정보를 교환하고 솔직하게 대화하여 신뢰가 쌓이면 협력도 순조로워진다. 또한 과거에 쌍방이 이익 문제를 원만하게 해결한 적이 있다면 협력할 가능성은 훨씬 더 커진다.

이밖에 개인의 특성도 일정부분 영향을 미친다. 일반적으로 성취욕이 강하고 성과를 중요하게 생각하는 사람은 쉽게 경쟁에 참여한다. 그러나 성취욕이 낮고 원만한 대인관계를 중요시하는 사람은 대부분 협력을 선택한다.

지나치게 경쟁을 추구하면 고립되기 쉽다. 세상은 혼자서는 살 수 없다. 다른 사람과 협력하여 '윈-윈'의 효과를 체험해 보자. 그러면 '경쟁 우선 심리' 때문에 생기는 부작용을 막을 수 있고 협력의 즐거움도 느낄 수 있다.

사람은 자기보다 나은 사람을
모방하려는 심리가 있다

모방 심리

모방심리는 모든 사람이 가지고 있는 심리 현상으로, 의식적 혹은 무의식적으로 다른 사람을 본받으려 하거나 비슷하게 행동하려는 것을 말한다. 한마디로 말해 모방은 다른 사람을 흉내 내는 것이다.

스타의 헤어스타일이나 패션 등을 따라하는 것 모두 모방심리에 속한다.

심리학자들은 모방은 인간의 본능이라고 말한다. 모방은 학습의 기초라 할 수 있다. 또한 인간은 말을 배우는 순간부터 다른 사람을 모방하기 시작한다. 우리가 어떤 지식이나 기술을 배울 때 나타나는 태도, 신념, 이상 등과 같은 개인적 특징도 바로 모방에서 비롯됐다고 할

243

수 있다.

이야기 심리학

모방은 제품 생산과 기업 경영의 중요한 전략 중 하나이다. 시장에 나와 있는 많은 상품들도 사실 다른 사람이 이미 개발해 놓은 제품을 모방한 것이다. 다른 제품을 모방하면 개발이 쉽고 기술적인 위험이 적을 뿐 아니라 물적 인적 자원도 비교적 적게 든다.

일상생활에서 모방은 크게 긍정적 모방과 부정적 모방 두 가지로 나눌 수 있다.

횡단보도에서 빨간 신호등인데도 다른 사람이 건너간다고 무작정 따라 건너는 것은 부정적인 모방으로, 이는 전혀 따라할 가치가 없다.

허영심을 모방하는 것 또한 가치 없는 일이다. 프랑스 극작가 몰리에르(Moliere)의 희곡인 《서민귀족》의 주인공 주르댕은 허영을 모방하는 전형적인 인물이다. 그는 누가 실내 음악 감상회를 열었다고 하면 자기도 음악 선생을 집으로 초청해 음악회를 연다. 또한 '상류층'으로 보이기 위해 옷도 잘 갖춰 입지만 영 어울리지 않는다. 벌건 대낮에 '상류층' 인사나 입는다는 잠옷을 입고, 재단을 잘못해 무늬가 거꾸로 된 옷도 '이게 요즘 상류층에서 유행하는 패션'이라는 재단사의 말에 그냥 넘어가고 만다.

실제로 많은 사람들이 주르댕처럼 허영심 때문에 부자들을 따라한다. 젊은 여성들이 한 달 월급보다 비싼 명품가방을 사는 것이나 남성들이 자동차를 바꾸고, 예비부부가 대출을 받아 화려한 결혼식을 올리는 것 모두 허영심에서 비롯된 모방이다.

'인간은 높은 곳을 지향하고, 물은 낮은 곳으로 흐른다.'는 말도 있듯, 이러한 심리는 인간의 본능이지만 개개인이 타고난 능력과 조건은 저마다 다르며 극복할 수 없는 차이도 있다는 사실을 인정해야 한다. 명심하자. 허영심에서 비롯된 모방은 공허하고 불필요한 고민만 가져다줄 뿐이다.

좋은 것은 우리를 발전시키므로 충분히 모방할 만한 가치가 있다. 그러나 나쁜 풍조나 습관은 설사 유행한다고 해도 맹목적으로 따라서는 안 된다. 정신없이 쫓아가다 보면 결국 자신에게 남는 것은 불필요한 고민뿐이라는 것을 명심하자.

사람은 다수의 사람과 같이 행동하려는 경향이 있다

대세순응 심리

'대세에 순응하라.'라는 말을 들어본 적이 있을 것이다. 이는 다른 사람과 비슷하게 행동하려는 인간의 심리적 특징을 나타내는 말이다.

한 심리학자가 인간의 이 같은 특징을 증명하기 위해 실험을 했다. 여섯 명의 학생에게 길이가 다른 줄을 한 쌍씩 주고, 길이가 같다고 말하게 시켰다.

그런 다음 이에 대한 피험자의 반응을 살폈다. 피험자는 처음에는 정확한 답을 말했지만 여섯 명 모두가 자기와 다른 답을 말하는 것을 듣고 자기의 답을 수정했다.

생활에 필요한 정보는 대부분 다른 사람에게서 얻는다. 따라서 다른 사람이 제공하는 정보가 없다면 생활이 거의 불가능할 것이다. 바로 이런 생활 속의 경험 때문에 사람들은 대세에 순응하려는 경향이 강하다.

예를 들어 낯선 건물에서 화장실에 갔는데 '남녀'를 구분하는 팻말이 없다면 다른 사람들의 행동을 관찰하면 된다. 남성과 여성이 각각 어느 쪽으로 들어가는지 잘 살피면 금방 알 수 있다.

사람들이 대세에 따르려는 또 다른 이유는 무리에서 소외될까 두렵기 때문이다. 인간은 다른 사람들이 자기를 좋아하고 받아들여 주기를 바란다. 그래야 무리에 융합될 수 있고 그 속에서 이익을 꾀할 수 있기 때문이다. 하지만 만약 대세와 다른 의견을 내면 무시당하거나 배척당할 것이다. 이런 이유로 사람들은 무리에 순응함으로써 '우리와 맞지 않는 사람'으로 낙인찍히는 것을 피하려 한다.

다국적 기업에서 근무하는 샤오페이는 회사 동료들과 가족처럼 지내고 있다. 대부분이 여성이었고 그녀보다 대여섯 살 많았다. 샤오페이는 그녀들의 라이프스타일을 좋아했고, 의견 또한 존중했다. 그녀들이 모두 일과 삶에서 비교적 성공한 부류였기 때문이다. 샤오페이와 동료들은 결혼에 대해 자주 이야기했는데 결론은 늘 한가지였다. '돈 많은 남자와 결혼하라'였다. '사랑이 밥 먹여주지 않는다'는 게 그 이유였다.

사실 샤오페이는 처음에 그들의 생각에 반대했다. 자신의 가난한 남자친구를 사랑했기 때문이다. 한편 동료들은 샤오페이와 남자친구가 어울린다고 생각하지는 않았지만 굳이 그녀를 막지도 않았다. 그러나 시간이 흐르면서 샤오페이는 더 이상 남자친구가 사랑스럽게 느껴지지 않았고, 결국 남자친구와 헤어졌다.

샤오페이가 변한 이유는 환경 탓이 크다. 동료들을 매우 신뢰했던 샤오페이가 점차 그들과 비슷하게 생각하고 행동하게 된 것이다. '돈이 최고'라고 생각하는 동료들의 성향도 무언의 압력으로 작용해 그녀를 압박했고, 때문에 무리의 특징에 위배되는 행동을 해 따돌림당하고 싶지 않았던 것이다. 아울러 샤오페이는 회사 사람들은 모두 '행복'한 삶을 누리고 있다고 여겨 자기만 특수하게 '가난뱅이'와 결혼할 수 없다고 생각한 것이다. 결과적으로 그녀는 이런 중압감을 견딜 수 없었고, 무리에서 배제되는 것 또한 원치 않았기 때문에 남자친구와 헤어진 것이다.

대세에 순응하는 것이 꼭 나쁜 것만은 아니다. 개인은 공동체 의식을 느낄 수 있고, 사회는 전체 구성원의 언행을 조절할 수 있으며, 단체의 통일성도 유지할 수 있다. 또한 강력한 사회적 도덕 여론을 형성해 건강한 사회 풍조를 형성할 수 있다. 그러나 맹목적으로 대세에 순응하면 주관을 잃을 수밖에 없으므로 마땅히 경계해야 한다. 우리에게 필요한 것은 남을 따라하는 것이 아니라 자신만의 특징을 유지하는 것임을 명심하자.

사람들은 권위 있는 사람을
더 잘 믿고 따른다

권위 효과

미국의 한 대학에서 있었던 일이다. 심리학 시간에 교수가 학생들에게 세계적인 화학자 '슈미트 박사'가 학교를 방문했다고 소개했다.

'슈미트 박사'는 가방에서 액체가 담긴 유리병을 꺼내 학생들에게 보여주며 말했다. "이것은 현재 제가 연구하고 있는 것으로 휘발성이 매우 강한 액체입니다. 뚜껑을 열면 바로 휘발됩니다. 그러나 안심하세요. 인체엔 무해하고 냄새도 지독하지 않으니까요. 자, 그럼 냄새를 맡을 사람은 손을 들어주세요."

박사가 병뚜껑을 열고 얼마 지나지 않아 맨 첫 줄부터 마지막 줄까지 학생 모두가 손을 들었다.

이때 심리학 교수가 교단으로 나와 슈미트 박사는 그 대학의 다른 과 교수이며, 그가 꺼낸 액체는 냄새가 나지 않는 증류수라고 밝혔다.

그렇다면 학생들은 왜 자신의 코를 믿지 않고 '슈미트 박사'의 말을 믿은 것일까?

학생들은 '슈미트 박사'의 권위를 맹신한 나머지 자신의 생각과 판단을 포기한 것이다. 이는 권위효과를 잘 보여주는 실험이다. 지위가 높고 존경받는 사람의 말을 더 믿고 따르는 것을 '권위효과'라고 한다.

권위효과가 위력을 발휘하는 이유는 첫째, 권위 있는 인물은 일종의 역할모델이라 그를 따르면 틀릴 확률이 적어진다. 둘째, 인간에게는 다른 사람으로부터 '칭찬받기'를 바라는 심리가 있다. 때문에 권위 있는 인물의 말이 곧 사회규범과 같다고 생각하여 그에 따라 행동하면 다른 사람들에게 칭찬과 인정을 동시에 받을 수 있다고 여기는 것이다.

이야기 심리학

일상생활 속에서 우리는 늘 '권위'의 영향을 받는다. 예를 들어 눈이 불편해 병원에 갔는데 안과 교수와 이제 막 의과대학을 졸업한 젊은 의사 중 선택해서 진료를 받을 수 있다면 누구를 선택할 것인가? 단,

이때 경제적인 부담은 걱정하지 않아도 된다. 아마도 대부분의 사람이 안과 교수를 선택할 것이다.

광고제작자들은 소비자들의 이런 심리를 꿰뚫어 권위 있는 인물을 광고에 기용해 제품의 신뢰도를 높인다.

대인관계에서도 권위 있는 말을 인용하면 상대방을 더 쉽게 설득할 수 있다.

권위가 있다는 것은 자신이 속한 분야에 정통할 뿐만 아니라 지식이 풍부하고 탁월한 성과를 내어 사회적으로 인정받았다는 뜻이다. 따라서 대체로 그들의 견해가 일반인들의 그것보다 정확하다. 그러나 권위 있는 사람이라고 해서 신처럼 완벽한 것은 아니므로 그들의 견해와 판단이 언제나 정확하다고 할 수는 없다.

항공업계에서도 권위효과가 나타난다. 예컨대 기장이 실수해도 승무원들은 기장의 권위에 눌려 어떤 의견이나 행동을 취하지 못해 때때로 항공사고로 이어지는 일이 있다.

군대도 예외는 아니다. 명성이 자자한 공군 고위 장교가 비행을 앞두고 있었다. 그런데 부조종사가 갑자기 병이 나 다른 부조종사로 교체했다. 교체된 부조종사는 전설적인 조종사와 함께 비행하는 것이 매우 영광스러웠다. 그런데 이게 어찌된 일인가? 이륙을 준비하는데 갑자기 고위 장교가 노래를 흥얼거리더니 고개를 까닥이며 박자를 맞추기 시작하는 게 아닌가? 부조종사는 이 동작을 비행기를 이륙시키라는 것으로 착각하여 아직 이륙할 수 있을 만큼 속도가 오르지 않았지만 비행기를 상승시켰다. 그 결과 비행기 동체가 땅에 부딪혀 프로펠러가 튕겨져 나와 고위 장교의 등에 꽂혔고 그는 평생 불구가 되고 말았다.

사고 후, 조사 담당자가 부조종사에게 이륙할 상황이 아니란 걸 알았으면서 왜 그랬냐고 물었다. 이에 부조종사는 장교가 그렇게 하라고 한 줄 알았다고 답했다. 그는 유명한 장교의 권위를 맹신한 나머지 상황을 잘못 해석했고, 자신의 판단과 상식을 완전히 포기한 것이다.

권위는 상대적인 것이어서 새로운 권위가 낡은 권위를 대체하기도 한다. 19세기 뢴트겐(Wilhelm Conrad Roentgen)이 X선을 발견하는 등 과학적 대발견이 이어지자 일부 과학자들은 과학은 이미 끝을 봤다고 떠들며 앞으로 과학자들이 할 일은 더 정확한 실험을 하는 것뿐이라고 말하기도 했다. 그러나 얼마 후 아인슈타인(Albert Einstein)이 '상대성이론'을 발견해 과학의 시야를 한층 넓혔다.

사실상 일반인의 말보다는 권위 있는 사람의 말이 더 믿을 만하다. 그러나 그것이 절대적으로 정확한 것은 아니다. 자신의 생각을 믿고 결정하자. 권위자의 관점은 그저 참고사항일 뿐 결코 맹신해서는 안 된다.

사람은 사회의 규범에 따라
자신의 역할을 수행 한다

사회적 역할 규범

무대 위의 배우는 극본과 연출자의 요구에 따라 연기해야 한다. 사회 심리학적 관점에서 보면 사회에서 모든 사람은 자신이 속한 '사회적 역할'을 수행하고 있다. 사회는 일종의 큰 무대고, 모든 사람은 이 무대에 오르는 배우이며 사회가 부여한 사회적 역할에 따라 처세해야 한다.

이런 규범이 없으면 일정한 기준을 마련할 수 없다. 사회적 역할 규범에 따라 행동해야 상대방이 자신의 동기, 정서, 개성을 파악해서 이에 상응하는 반응을 보일 수 있다. 반대로 만약 역할 규범이 없다면 사람들은 대인관계에서 혼란을 겪고 사회 또한 정상적으로 돌아가지 않을 것이다.

이야기 심리학

유치원에서는 아이들에게 역할놀이를 하게 한다. 아이들은 아빠와 엄마 역할을 하면서 부모님의 사랑을 깨닫고, 의사 역할을 하면서 의사는 환자에게 관심을 갖고 열심히 치료해야 할 책임이 있다는 것을 알게 된다. 경찰 역할을 통해 경찰은 사회 치안을 유지하고 우리의 안전을 책임진다는 사실도 자연스럽게 배운다.

사회에 진입한 성인이 자신이 속한 사회적 역할을 제대로 수행하지 못하면 자신은 물론 다른 사람에게도 많은 폐를 끼친다.

무역회사에서 근무하는 장챵은 영어를 잘해 주로 외국 회사와의 협상을 담당하고 있었다. 반대로 그의 직속상사인 팀장은 학력, 수준, 능력, 심지어 체격까지 모든 면에서 그와는 비교도 안 될 만큼 부족했다. 그러던 어느 날 해외 거래처 직원들과 저녁식사를 하게 되었다. 장챵은 고의적으로 자주 건배를 외치고 영어로 대화를 나누어 팀장을 소외시켰다. 저녁식사를 마치고 헤어질 때도 장챵은 팀장 대신 자기가 나서서 거래처 직원들과 악수를 했다. 당연히 팀장의 얼굴엔 불쾌한 표정이 역력했다.

얼마 후 장챵은 한직으로 밀려났다. 장챵은 나중에야 그 이유를 알았다. 그 팀장이 상부에 보고하기를, 장챵이 너무 경솔해서 외국인과의 상담과 협상 업무에 어울리지 않다고 했다는 것이다.

그제야 장챵은 자기가 직장에서 금기시되는 '월권' 행위를 해서 밀려났다는 사실을 알게 되었다. 업무 담당자는 마땅히 각 부서 팀장의 지시에 따라야 한다. 물론 거래처와의 미팅도 상사가 주도적으로 이끌어야 하고 말이다. 그런데 장챵은 주제넘게 나서 상사의 미움을 산 것이다.

자신의 사회적 역할에 따라 행동하자. 역할을 잘 수행하지 못하면 인간관계가 파괴되어 일이나 생활에서 어려움을 당할 수 있다. 부하직원이면 겸손한 태도를 유지하자. 잘난 척하면 상사의 미움을 살 수 있다. 자녀라면 부모와 어른들을 존중하자. 그렇지 않으면 예의 없다고 손가락질 받을 수 있다.

사람은 사회적 역할을
적절히 전환할 수 있어야 한다

사회적 역할 전환

모든 사람은 자기가 속한 사회의 사회적 역할을 수행해야 한다. 그러나 시간과 장소에 따라 개인에게 요구되는 사회적 역할은 변할 수 있다. 때문에 시간과 장소에 따라 적절히 사회적 역할을 전환해야 한다. 이것을 '사회적 역할 전환'이라고 한다.

이야기 심리학

사람은 시간과 장소에 따라 다른 역할을 수행한다. 장 교수는 학생들 사이에선 열정적이고 친절하며 학생들에게 관심이 많은 선생님이지만, 동료들은 그를 까다롭고 고집스러우며 따지기 좋아하는 사람이라고 생각한다. 누구의 생각이 맞을까? 두 가지 모두 맞다. 학생들은 교수로서 우수하고 열정적인 그의 모습을 본 것이고, 동료들은 기세등등하고 강경하며 깐깐한 학자로서의 모습을 본 것이다.

사람들은 또한 상대와 상황에 따라 역할을 전환한다. 이것은 정상적인 반응이며 사회인이 갖춰야할 필수적인 능력이기도 하다.

빅토리아 여왕에 관한 재미있는 이야기가 있다. 하루는 여왕과의 말다툼 끝에 화가 난 그녀의 남편이 방문을 잠그고 나오지 않았다. 이에 여왕이 남편의 방을 찾아가 문을 두드렸고, 남편은 누구냐고 물었다. 여왕은 당당하게 말했다. "영국 여왕이다." 방 안에서는 아무 대답이 없었다.

여왕이 다시 문을 두드리며 부드러운 목소리로 말했다. "빅토리아에요." 그래도 남편은 아무 대답도 하지 않았다.

마지막으로 여왕은 아주 다정한 목소리로 "여보, 문 열어요. 당신 아내에요."라고 말했다. 그제야 남편이 문을 열었다는 이야기다.

일상생활에서도 많은 사람들이 종종 빅토리아 여왕처럼 집에서도 사회적 역할을 그대로 유지해 긴장과 불편한 분위기를 만들곤 한다.

인간관계를 더욱 원활하게 하고 싶다면 상황을 잘 파악

하여 어떤 역할을 수행해야 하는지 살피자. 그리고 상황의 변화에 따라 자신의 역할을 적절히 조절하자.

간단한 일은 누가 보고 있으면
능률이 올라간다

사회촉진과 퇴보 현상

1897년에 심리학자 트리플렛(Triplett)은 사이클 경기에서 여러 명이 동시에 출발하는 단체경기 기록이 개인 독주 기록에 비해 훨씬 좋다는 사실을 발견했다.

이에 영감을 얻은 트리플렛은 한 가지 실험을 했다. 아이들을 낚시터로 데려가 제한시간 안에 물고기를 빨리 잡도록 했다. 그 결과 다른 사람들과 함께 낚시를 한 아이가 혼자 한 아이보다 물고기를 훨씬 많이 잡은 것으로 나타났다.

다른 사람이 옆에 있으면(경기에서의 파트너나 관중) 효율이 높아지는데, 이것을 '사회촉진'이라고 한다.

그러나 다른 사람이 옆에 있다고 반드시 사회촉진이 일어나는 것은 아니다. 때로는 정반대인 '퇴보' 현상이 나타나기도 한다. 일반적으로 비교적 간단한 일을 할 때 옆에 누가 있으면 효율이 높아지는 사회촉진현상이 나타난다. 그러나 비교적 복잡한 일을 할 때 누가 옆에 있으면 반대로 효율이 떨어진다.

이야기 심리학

사회촉진현상은 일상생활에서도 흔히 찾아볼 수 있다. 산책하고 있는데 다른 사람이 추월해가면 자기도 모르게 발걸음이 빨라진다. 자전거를 타고 가는데 다른 자전거가 자기 뒤로 바짝 붙으면 자기도 모르게 속도를 높인다. 선생님들은 몸이 좀 불편해도 교단에만 서면 정신이 바짝 든다. 이 모든 것이 바로 사회촉진현상이다.

그렇다면 사회촉진현상은 왜 생기는 것일까?

혼자 있을 때는 승패가 좋고 나쁨에 연연하지 않는다. 보는 사람도 비교하는 사람도 없기 때문이다. 그러나 제2, 제3의 사람이 등장하고 혹은 더 많은 사람이 나타나면 '저 사람들은 분명 나를 보고 나에 대해 말하고 있을 거야. 그러니 잘해야지.' 하고 생각하게 된다.

대부분의 인간은 다른 사람들이 자기를 좋아해주기 바라기 때문에 다른 사람과 같이 있을 때 사회촉진 현상이 강렬하게 일어난다. 다른 사람이 옆에 있으면 그가 지금 자신을 관찰하고 평가하고 있다고 생각해 더 열심히 일하는 것이다. 또한 만약 공교롭게도 그가 자기와 같은 일을 하고 있으면 경쟁심이 생겨 더 빨리, 더 잘하려 한다.

그러나 새로운 일이나 숙달되지 않은 일을 할 때 옆에 누가 있으면 오히려 긴장해서 허둥거리다가 일을 제대로 못하게 된다.

예를 들어 선생님이 몇몇 학생에게 앞으로 나와 칠판에 있는 문제를 풀도록 했다. 만약 칠판의 문제가 선생님이 이미 설명했거나 간단하다면 앞에 나온 학생은 자리에 앉아 있는 학생들보다 문제를 더 빨리 풀 것이다. 그러나 만약 문제가 어려우면 앞에 나와 푸는 학생은 긴장해서 허둥대고 문제 푸는 속도도 느려질 것이다.

이밖에 회사에서 직원이 어려운 문제에 부딪혀 고민하고 있는데 상사가 그를 계속 주시하고 있으면 그는 상당한 심리적 압박에 시달려 집중해서 일할 수 없다.

간단한 일은 여러 사람이 있는 곳에서, 비교적 복잡하고 어려운 일은 사람이 적은 곳에서 하자. 그래야 효율성이 높아진다.

유행을
따르고
감동을
연출하라

9

사람의 권력에 대한
욕심에는 끝이 없다

권력욕 증가의 법칙

철학자 러셀(Bertrand Russell)은 자신의 저서 《권력론》에서 '권력은 팽창한다.'고 했다. 권력욕은 인간의 본성이라고 할 수 있다. 경제적 욕구는 어느 정도 채워지면 비교적 만족하지만 권력욕은 그 끝이 없어 영원히 만족할 수 없다. 때때로 끝없는 권력욕은 많은 사회 문제를 야기하기도 한다.

심리학자들은 실험을 통해 사람이 권력을 얻으면 그것을 충분히 이용한다는 것을 발견했다.

피험자 22명을 한 회사에 근무하게 한 후 모두에게 각각 팀장 역할을 맡겼다. 그리고 옆방에서 일하고 있는 직원 네 명의 업무 상황을 감독하라고 했다. 단, 피험자들은 직원들에게 서면으로만 지시를 내리게 했다. 그러나 사실 옆방에는 아무도 없었다.

실험결과 권력을 얻은 피험자들은 일반적으로 네 가지 특징을 나타냈다. 첫째, 부하 직원들에게 빈번하게 지시를 내렸다. 둘째, 부하 직원들의 능력이 부족하다고 여겼다. 셋째, 부하 직원과 대면하고 싶어 하지 않아했다. 넷째, 부하 직원들의 성과는 모두 자신이 잘 지휘했기 때문이라고 여겼다.

이 실험은 인간이 권력 행사하는 것을 얼마나 좋아하는지와 권력자들이 권력이 없는 사람들을 공정하게 평가할 수 없다는 사실을 보여준다.

이야기 심리학

모든 사람은 저마다 일정한 권력을 지니고 있거나 주위 환경을 통제할 능력이 있다. 하다못해 집안의 에어컨 온도를 조절하는 일도 자기가 가진 권력을 행사하는 것이다.

다른 방식으로도 환경을 통제할 수 있다. 자신에게 휴가를 하루 준다거나 자기 차로 드라이브를 즐기는 것도 일종의 권력이다.

그러나 생계를 위해 일주일 내내 일해야 한다면 가진 권력이 약하다고 할 수 있다.

권력은 영향력을 행사하고 주위 환경을 통제할 수 있는 능력이다. 또한 권력은 이익을 가져올 수 있다. 때문에 모든 사람이 권력을 추구하고 권력을 위해 암투를 벌이는 것이다. 직장, 가정, 사회, 심지어 국가 간에도 권력 싸움을 한다. 즉 권력을 둘러싼 암투는 세상 어디에나 존재한다.

그렇다면 한 사람에게 집중된 권력이 적절히 통제되지 않으면 어떻게 될까? 심리학자들은 권력을 적절하게 통제하지 못하면 인간의 '악'한 본성이 드러난다는 것을 발견했다.

권력 있는 사람은 누가 자신을 추켜세워 주지 않거나 좀 소홀하게 대하면 '체면을 구겼다'거나 모욕당했다고 생각하여 참지 못하고 화를 내거나 폭력을 행사하기도 한다. 특히 전쟁처럼 극한 상황에서 권력을 적절히 통제하지 않으면 인간의 악한 본성이 여지없이 드러나게 된다.

많은 고위 공직자들의 부정부패 행위도 그들의 권력을 적절히 통제하지 못해서 생겨난 것이다.

프랑스의 사상가이자 법학가인 몽테스키외(Montesquieu)는 "모든 권력가는 권력을 남용하기 쉽다. 이것은 만고불변의 법칙이다. 권력자들은 권력을 더 이상 사용할 수 없을 때까지 권력을 사용한다."고 했다. 때문에 권력을 통제할 수 있는 적절한 시스템을 갖춰야 한다.

정보는 전달되는 과정에서
전혀 다르게 변질되기도 한다

정보왜곡 현상

정보는 중간에 몇 단계를 거치면서 왜곡되기 쉬워 마지막에는 전혀 다른 내용이 되기도 한다(일반적으로 과장, 확대, 축소, 폄하). 이런 현상을 '정보왜곡 현상'이라고 한다.

일상생활에서 자주 접하는 근거 없는 소문은 대부분 이 현상의 결과이다.

대부분의 유언비어는 어떤 정보가 전달되는 과정에서 점점 과장되면서 결국 처음 내용과는 전혀 다른 이야기로 변질된 것이다. 사람들은 이야기를 전달하면서 자신의 경험을 근거로 내용을 마음대로 삭제하거나 보태기 때문에 대부분은 신빙성이 없다.

이야기 심리학

'말 전달하기 게임'은 오락프로그램의 단골 메뉴다. 네다섯 명이 한 줄로 서서 정해진 단어를 자기 다음 사람에게 귓속말로 전달해 마지막 사람이 맞추는 게임이다. 마지막 사람은 대부분 첫 번째 사람이 말한 것과는 전혀 다른 단어를 말해 폭소를 자아낸다. 바로 이것이 '정보왜곡 현상'을 설명하는 좋은 예다.

유언비어가 만들어지는 과정을 생생하게 보여주는 고사가 있다. 춘추시대 송(宋)나라는 기후가 건조하고 비가 적게 내렸다. 그래서 우물물을 끌어다 농작물을 길러야 했다. 당시 정씨라는 사람의 집에는 우물이 없어 말이나 당나귀를 끌고 멀리 있는 강까지 가서 물을 길어와야 했다. 때문에 가족 중 한 사람이 물을 긷고 운반하고 밭에 뿌리는 일을 전담해야 했다. 고민 끝에 정씨는 가족과 상의하여 집에 우물을 파서 이 문제를 해결하기로 했다.

정씨 집안사람들이 보름 동안 아침부터 저녁까지 열심히 땅을 파 마침내 우물을 갖게 되었다. 우물에서 처음으로 물을 긷는 날에 잔치까지 벌였다. 너무 기쁜 나머지 지나가는 사람들을 붙잡고 "우리 집에 우물을 파 한 사람을 얻었다."고 떠들었다. 이 말은 우물이 생겨 집안의 노동력 하나를 절약했다는 뜻이었다.

그런데 이 말이 와전되어 "정씨네가 우물을 파다가 땅 속에서 사람을 발견했다."고 소문이 난 것이다. 이 놀라운 소식은 온 나라로 금세 퍼져나가 마침내 송나라 임금의 귀에까지 들어갔다. 해괴하게 여긴 임금은 사람을 보내 조사하도록 했다. 정씨가 자초지종을 설명한 후에야 소문의 진상이 밝혀졌다.

이렇게 유언비어는 자초지종을 따지는 사람이 나타나지 않는 이상 계속해서 확대되어 와전된다. 사람들은 흔히 이야기에 자기의 순간적인 느낌이나 인상을 보태어 전한다. 이렇다 보니 이야기는 사람을 거치면 거칠수록 점점 더 이상해지는 것이다.

유언비어가 생기는 이유를 살펴보면,

첫째, 말의 불확실성이다. 발음이 비슷하면 다른 것으로 착각할 수 있다.

둘째, 전달자의 감정에 따라 과장될 수 있다. 전달자가 이야기 속의 주인공을 좋아하면 좋은 정보만 과장할 것이고, 싫어하는 사람이라면 부정적인 정보를 과장하기 쉽다. 예를 들어 어떤 배우가 탈세 혐의로 경찰에 잡혀갔다고 하자. 이를 두고 그 배우를 싫어하는 사람이 "15년 형은 되어야지." 하고 말했다면 이것이 전달되면서 "그 배우가 무기징역을 받았대."로 변할 수 있다는 것이다.

셋째, 자극이 필요해서 혹은 무료함을 달래기 위해 이야기를 부풀린다. 과장된 언어나 표정으로 한껏 부풀려 이야기하다 보면 자신의 스트레스가 해소되기 때문이다.

대부분의 유언비어는 별다른 악의 없이 전달되는 과정에서 와전된 경우가 많다. 그러나 이런 악의 없는 말로 인해 루머의 대상이 되는 사람은 정신적인 피해를 입고, 심한 경우 사회혼란을 야기할 수도 있다. 이렇게 유언비어는 대부분 부정적인 결과를 낳는다.

'유언비어는 현명한 사람에게 와서야 그친다.'는 말이 있다. 정보왜곡 현상의 부작용을 알고 있는 만큼 각종 소문에 대한 경계심을 높이고 정보를 냉정하게 분석하도록 하자. 그러면 유언비어가 떠돌 일은 없을 것이다.

단체토론을 하면 집단의 의견이
극단적으로 변하기 쉽다

극화 현상

단체토론을 하면 다음과 같은 특징이 나타난다. 토론 주제에 찬성하던 쪽은 토론 후에 더 찬성하게 되고, 반대하던 쪽은 더 반대하게 되어 결국 양측의 의견이 더 극단적으로 변한다.

일상생활 속에서나 심리학자들의 실험에서나 모두 이런 현상을 찾아볼 수 있는데, 이것을 '극화현상'이라고 한다.

이야기 심리학

영화를 보고나서 자기는 별로 나쁘다고 생각하지 않았는데 다른 사람들이 모두 별로라고 하면 그 영화가 정말 형편없었다고 느껴진 경우가 있었을 것이다. 혹은 그저 그렇다고 생각했는데 다른 사람의 좋다는 말에 덩달아 좋은 영화라고 여긴 적도 있었을 것이다.

자기가 생각한 이유는 아주 소소하지만 여러 사람들의 의견을 한데 합치면 충분한 근거가 되기 때문이다. 그래서 나쁘지 않았던 영화도 아주 형편없는 영화로, 그저 그런 영화도 아주 좋은 영화로 느껴지는 것이다.

또한 사람에게는 자신의 생각을 과장해서 표현하여 다른 사람들의 관심을 얻으려 하는 본능이 있기 때문이다. 예컨대 극단적인 관점을 내세우면 사람들의 이목을 끌 수도 있고 예리하다는 평가를 받을 수도 있다. 만약 한 단체의 모든 구성원들이 이렇다면 그 단체의 관점은 극단적으로 변하기 쉽다.

중증급성호흡기증후군인 '사스(SARS)'야말로 극화현상의 전형적인 예다. '사스' 기간 동안 사람들은 필요 이상으로 공포심을 가졌다. 그 결과 각종 소문과 추측이 난무해 집단적 공황상태까지 나타났다.

단체의 공동 의견은 정책을 결정하는 과정에서 모험 또는 신중 두 가지로 나뉜다. 한 단체의 입장이 정책 결정 과정에서 더 모험적이거나 더 신중해지는 것은 단체가 처음 설립됐을 때의 경향에 따라 다르다. 단체에 속한 대부분의 사람들이 처음부터 신중한 성향이었으면 그 단체는 더 신중해질 것이고, 이와 반대면 더욱 모험적으로 바뀔 것이다.

단체의 의견이 모험 쪽으로 기우는 이유는 다음과 같다.

첫째, 개인의 책임이 분산되기 때문이다. 토론과 정책 결정 과정에서 개인의 책임은 분산되어 행위에 대한 책임의식이 현저히 떨어진다. 설령 말이 틀려도, 정책이 잘못되어도 책임은 모두에게 골고루 돌아가기 때문에 사람들이 더 대담해지는 것이다.

둘째, 단체 내부의 여론 압력 때문이다. 개인의 행동은 종종 단체 내 여론의 영향을 받는다. 만약 어떤 사람이 신중한 태도를 보이면 단체 내에서 소심하다고 비웃음을 살 수 있다. 때문에 대다수의 개인은 의식적으로나 무의식적으로나 '모험'을 택하는 것이다.

반대로 더 신중한 쪽으로 기우는 현상은 정부의 정책 결정 과정에서 자주 나타난다. 그 이유는 첫째, 자기 보호 심리 때문이다. 모험은 위험을 뜻하지만 신중은 안전을 보장한다. 즉 많은 사람들이 자기를 보호하기 위해 신중한 정책을 선호하는 것이다.

둘째, 정책내용과 자신과의 상관성 때문이다. 만약 정책과 자신의 이익이 밀접한 관계가 있다면 더 보수적인 태도를 보일 것이다. 반대로 자신과 별로 관계가 없는 일이면 더 모험적이게 될 것이다. 결과가 어떻게 되든 자기는 손해 보지 않기 때문이다.

단체를 대표하는 이념을 결정할 때 극화현상의 함정에 빠질 가능성이 특히 높다. 때문에 단체에 속한 각 개인들은 다른 구성원의 의견에 무조건 찬성할 것이 아니라 반대되는 의견도 적극 제시해야 한다.

감동적인 장면을 보면
감정의 통제력을 상실하기 쉽다

사회적 전염

공공장소에서 다른 사람이 일어서면 같이 일어서고 박수치면 따라 치게 되고, 심지어 다른 사람이 하품하면 자기도 모르게 하품을 따라 할 때가 있다.

미국 학자 로스(Edward A. Ross)는 이런 현상을 '자극과 반응의 일련의 강화 과정'이라고 했다.

어떤 암시를 받은 군중은 서로에게 영향을 끼치고, 이 상황에서 일부 터무니없는 암시가 군중을 더욱 부추겨 소동을 일으킨다. 그러면 소동 자체가 군중의 암시에 대한 믿음을 더욱 강화시킨다. 나아가 이런 과정을 거쳐 군중은 더욱 광폭해진다.

이렇게 개인이 주변 상황의 영향을 받아 감정이나 행동의 통제력을 상실하는 현상을 '사회적 전염'이라고 한다.

이야기 심리학

극장에서 공연을 보고 있는데 갑자기 연기가 차면서 불이 붙는다면 사람들은 모두 놀랄 것이다. 이때 몇몇 사람이 재빠르게 비상구로 달려가면 곧이어 모든 사람이 출구를 향해 우르르 몰려갈 것이다. 하지만 문은 작고 사람은 많아 문 앞은 금세 꽉 막히고 만다.

이것은 사회적 전염을 잘 나타내주는 예로, 군중 사이의 사회적 전염과 심리적 암시 때문에 이런 현상이 나타난다. 어떤 사건이 발생했을 때 한 개인의 반응은 다른 사람의 반응에 자극받은 것이고, 이 사람의 반응이 다른 사람에게는 또 다른 자극이 된다. 이런 자극들은 퍼질 때마다 강도가 더해진다.

이런 현상은 주식시장에서 자주 나타난다. 주식전문가들이 제기한 '양떼효과'라는 개념은 일종의 투기 심리로 주식투자자들이 대세를 따라 비이성적으로 주식을 매매해 주가 폭등이나 폭락을 조장한다는 것이다.

주가가 폭등하면 사람들은 극도로 흥분한다. 주식투자자 갑과 을은 병과 정이 주식을 대량 매입하는 것을 보고 흥분하여 주식을 계속 사들인다. 갑과 을의 이런 반응은 다시 병과 정을 자극한다. 병과 정의 매입은 다시 갑과 을의 투자심리를 자극하고……. 이런 식으로 서로가 서로를 자극해 주가는 상상하지 못할 정도로 뛰어올랐다가 결국 붕괴되고 만다.

사람들의 경쟁을 유발하는 사회적 전염은 두 가지로 나눌 수 있다. 첫째, 정서적 전염으로 개인의 통제력이 저하되어 여러 가지 과격한 행동으로 표출되는 것을 가리킨다. 둘째, 행동의 전염으로 어떤 동작이 이 사람에서 저 사람으로 옮겨지는 것을 말한다.

사람들이 비슷한 태도와 흥미, 가치관을 가지고 있다면 사회적 전염이 나타날 가능성이 더 높다. 특히 축구장을 비롯한 경기장 등에서, 여기저기 흩어져있는 조직적이지 않은 관중들도 같은 팀을 응원하다 보면 약속이나 한 것처럼 다른 사람의 행동을 따라하지 않던가. 경기의 진행, 결과 혹은 경기 중 선수나 심판에 대한 불만은 신속하게 확산되어 이때 관중석에서 누군가 경기장으로 물건을 던지면 다른 관중들도 일제히 물건을 집어 던져 경기장은 순식간에 아수라장이 된다.

이와 마찬가지로 충동적 폭력행위도 빠르게 확산되어 급기야 '경기장 난동'으로 발전하기에 이른다.

'사회적 전염'에 휩쓸린 개인은 자신의 신분을 쉽게 망각한다. 따라서 자기가 무엇을 하고 있는지 자각하지 못한 채 자신의 내재적 기준(주로 도덕)과는 다른, 즉 정상적인 상황에서라면 도저히 하지 않을 행동을 하는 것이다.

이런 현상을 부추기는 주요 요소는 '익명성'이다. 아무도 자기의 이름을 모르기 때문에 더 대담해질 수 있는 것이다.

사람들은 사회적 전염의 영향을 받으면 비이성적으로 행동한다. 이 점에 유의해 주위 사람의 행동에 쉽게 자극받고 전염되지 않도록 항상 자신을 일깨우고 분명한 이성과 독립적인 판단력을 유지하자.

책임 소재가 불분명하면
개인은 최선을 다하지 않는다

사회적 전염

과거 사회과학자들은 공동의 이익을 추구하는 집단은 그것을 실현하기 위해 집단행동을 취한다고 가정했다. 예를 들어 같은 건물에 사는 사람들은 모두가 이용하는 복도에 조명등을 달고, 같은 동네에 사는 사람들이 함께 공공환경을 가꾼다거나 하는 것이다. 또한 같은 회사의 주식을 보유한 사람들은 힘을 합쳐 주가를 유지하고, 같은 나라 국민이 자국 화폐가치를 유지하기 위해 다 함께 노력하는 것도 이에 포함된다.

그러나 미국 메릴랜드 대학의 올센(Olsen) 교수는 이 가설은 매우 합리적으로 보이지만 실제와는 상당히 다르다는 것을 발견했다. 집단 구성원들이 공동의 이익에 부합하는 어떠한 행동도 하지 않았기 때문이다. 반대로 개인의 이익 추구가 종종 집단에게는 불이익을 가져오거나 굉장히 부정적인 결과를 낳기도 했다.

집단의 구성원이 많을수록 공동의 수익과 비용을 똑같이 나눌 가능성이 적고 남의 노력에 편승하려는 사람들이 많아져 예상했던 목표에서 점점 멀어졌던 것이다. 그리고 집단의 규모가 클수록 이익을 챙기려는 사람이 많아져 이익을 조정하는 비용이 더 커진다. 때문에 집단이 클수록 공동의 이익을 위해 단결하기가 어렵다. 이런 효과를 '올센 법칙'이라고 한다.

이야기 심리학

집단행동의 성과는 모두의 것이다. 그러므로 집단행동에 참여한 구성원은 물론, 집단행동을 같이 하지 않은 구성원들에게까지 이익을 나눠줘야 한다. 예를 들어 파업을 통해 월급이 오르면 모든 근로자에게 이익이다. 그러나 파업에 동참한 근로자들은 모든 위험과 비용을 감수해야 한다. 한편 이런 불합리한 구조로 인해 공동의 이익을 공짜로 나눠가지려는 얌체족이 생긴다. '눈속임으로 끼어들어 숫자만 채운' 남곽(南郭) 선생은 이 분야의 시초라 할 수 있다. 남곽은 피리를 불줄 몰랐지만 궁중악단의 일원으로 들어갔다. 그리고 그는 음악합주라는 '집단행동'을 하지 않고도 마치 연주하는 듯 그럴듯하게 흉내 내어 국왕의 상이라는 '집단행동'의 성과를 함께 나누었다.

또 다른 예로 세 명의 스님 이야기가 있다. 스님 혼자 있으면 자기가 물을 길어온 비용(힘)만큼 물을 길어온 수익(마실 수 있는 물)이 따른다. 비용과 수익이 똑같다는 얘기다. 때문에 스님은 누가 강요하지 않아도 물을 길으러 간다.

스님이 두 명 있으면 둘이 협의를 할 수 있다. 물론 협의 비용은 비교적 적다. 둘이서 같이 물을 긷게 되면 두 사람이 지불하는 비용(힘)과 얻는 이익(마실 수 있는 물)이 기본적으로 균형을 이룬다. 때문에 협력하여 물을 긷고 이 협력을 유지할 수 있다.

그러나 스님이 세 명이 되면 협의 비용이 커지고 공짜로 물을 마시려는 사람이 생겨 결국 물 마시는 일에 문제가 생긴다. 세 명이 모두 공짜로 물을 마시려고 생각한다면 최악의 경우 아무도 물을 마실 수 없다.

공동의 일은 말 그대로 모두가 함께 해야 한다. '구성원'의 수가 적고, 단체의 규모가 작으면 모든 사람들이 함께 해결

방법을 모색하고 이에 따라 행동하면 된다. 규칙을 어기면 벌을 내리기도 쉽다. 그러나 '구성원'의 수가 너무 많으면 모든 사람이 함께 토론하기도 어려울 뿐더러 토론에 막대한 비용이 든다. 이럴 때는 대리인을 정해 그에게 위임해 문제를 해결하면 된다.

단체의 구성원들이 대리인을 선발해 그에게 일정 권리를 위임한다. 그러면 대리인은 구성원의 복리 최대화라는 원칙에 입각해 규정을 정한다. 또한 구성원에게 부여받은 권리를 이용해 구성원들이 이 규범을 지키도록 한다.

제때 제지하거나 수리하지 않으면
더 큰 피해를 입는다

깨진 유리창 이론

미국 스탠퍼드 대학의 심리학자인 짐바르도(Philip Zimbardo)는 흥미 있는 실험을 진행했다. 그는 같은 자동차를 두 지역에 가져다두었다. 한 대는 중산층 주택단지인 팰러앨토에, 다른 한 대는 상대적으로 지저분한 브롱크스에 두었다. 브롱크스에 둔 차에는 번호판을 떼고 차 지붕을 열어두었다. 그 결과 하루도 안 되어 도둑맞았다. 그러나 팰러앨토에 세워둔 차는 일주일이 지나도 그대로 있었다. 그래서 일부러 망치로 유리창에 구멍을 냈다. 그 결과 몇 시간이 안 되어 도둑맞았다.

이 실험은 정치학자 제임스 윌슨(James Wilson)과 범죄학자 조지 켈링(George Kelling)이 제기한 '깨진 유리창 이론'에 근거하여 진행된 것이다.

어떤 건물의 유리창이 깨졌는데 유리창을 갈아 끼우지 않으면, 더 깨도 된다는 암묵적 방임효과를 낸다. 그래서 사람들은 남은 유리창도 모두 깼다. 이런 상황이 오래 지속되면 결국 이 건물은 모두의 암묵 속에서 범죄의 온상이 되고 만다.

'깨진 유리창 이론'은 환경에 따라 사람들의 행동이 달라진다는 것을 보여준다. 부정적인 현상이 나타났을 때 적절한 제재 조치를 취하지 않으면 사회 전체에 만연될 수 있다.

이야기 심리학

일상생활에서도 '깨진 유리창 이론'의 예를 쉽게 찾아볼 수 있다. 깨끗하고 쾌적한 장소에서는 큰소리로 떠들거나 침을 뱉는 사람이 없다. 그러나 지저분한 곳에서는 공공질서에 위배되는 행동이 많이 나타난다. 침 뱉고, 큰소리로 떠들고, 서로 욕하고 심지어 노상방뇨를 하는 사람도 있다. 다른 예로 버스정류장에서 사람들이 줄을 서 있으면 다른 사람의 시선을 의식해 새치기할 엄두를 못 낸다. 하지만 그러다가 차가 정지하기도 전에 몇몇 사람이 차로 몰려가면 줄을 서려던 사람도 못 참고 우르르 몰려가 결국 혼란스러워져 승차 시간만 더 길어진다.

아무리 경미한 실수라도 공공질서를 어겼을 때는 반드시 책임을 추궁해야 한다. 그러지 않으면 사람들이 이것을 용인한다고 여겨 규칙을 준수하지 않을 테니 말이다.

'깨진 유리창 이론'을 예방하기 위한 가장 좋은 방법은 '첫 번째 유리창이 깨졌을 때' 즉시 유리창을 갈아 끼우는 것이다. 공공장소에서 모든 사람들이 예의와 공중도덕을 잘 지킨다면 건강한 사회분위기를 만들 수 있다. '나부터, 내 주변에서부터' 시작하는 게 중요하다. '천리 제방도 개미구멍 하나 때문에 무너진다.'는 말처럼 사소한 잘못이라도 절대 소홀히 하지 말자.

유행을 적당히 따라야
조직에서 따돌림 당하지 않는다

유행순응 심리

유행은 패션, 헤어스타일 등 구체적인 것부터 음악과 언어 등 추상적인 것까지, 한 사회의 구성원들이 일정 기간 동안 추종하는 것으로 어떤 스타이든 유행할 수 있다. 아울러 시대마다 유행이 달라 유행으로 시대를 구분할 수도 있다.

모든 사람들은 어느 정도 유행의 영향을 받고 또한 유행을 따른다. 이것을 '유행순응 심리'라고 한다.

이야기 심리학

유행은 패션, 헤어스타일, 컬러, 인테리어, 음악, 언어, 동작, 사고방식

등등 생활 전반에 영향을 미친다.

예를 들어 예전 중국 가구는 마호가니에 그림을 새기는 형태가 주류를 이뤘는데 인테리어 산업이 급격히 발전하면서 프랑스식, 유럽식 가구가 각 가정에 파고들고 있다. 예전에는 친척집에 갈 때 주로 과일을 사갔지만 요즘은 꽃다발을 선물한다. 또한 시대에 따라 유행어도 다른데 요즘 청소년들은 '쿨하다!', '하이!' 같은 말을 입에 달고 다닌다.

그렇다면 유행은 혹시 어떤 규칙에 따라 순환하는 게 아닐까? 심리학자들은 그렇다고 대답한다.

첫째, 새로운 것이다. 유행은 처음에는 생소하게 느껴지지만 점차 보편화되면서 익숙해진다.

예컨대 5년 앞선 스타일의 옷을 입으면 사람들은 그를 이상하게 쳐다볼 것이고, 3년 앞선 스타일의 옷을 입으면 사람들은 잘난척한다고 여길 것이다. 하지만 1년 앞선 스타일을 입으면 대담하다고 생각할 것이다. 유행하는 그해에 입으면 아주 잘 어울린다고 말할 것이다. 반대로 유행이 1년 지난 옷을 입으면 촌스럽다고 생각하고, 5년 지난 옷을 입으면 구닥다리 취급을 한다. 10년 지난 옷을 입으면 아마 비웃음을 살 것이다. 따라서 어떤 유행은 사라진 지 짧게는 몇 년에서 길게는 10년 혹은 몇 십 년 후에 '새로 나타나' 다시 유행하는 순환을 이룬다.

둘째, 대중을 따른다. 사회 속에서 유행을 무시할 수 있는 사람은 그리 많지 않다. 다른 사람들이 자신을 특이하고 촌스러운 사람이라고 생각하는 걸 원치 않기 때문이다. 일반적으로 사람들은 유행을 따르는 것이 더 아름답고 세련된 것이고, 그 반대는 낡고 시대에 뒤떨어지는 것이라고 생각한다.

유행의 영향에서 완전히 벗어날 수 있는 사람은 사실상 없다. 맹목적으로 유행을 따를 필요는 없지만 그렇다고 유행에 너무 둔감하면 특이한 사람으로 인식되어 사회적 이미지와 대인관계에 부정적인 영향을 미친다.

사회는 가진 자에게 더 후하고
없는 자에게 더 인색하다

마태 효과

성경의 '마태복음'에는 다음과 같은 내용이 있다. 주인이 여행을 떠나면서 하인들을 불러 그들의 능력에 따라 달런트를 나눠주었다. 첫번째 하인은 다섯 개를, 두 번째 하인은 두 개를, 세 번째 하인은 한 개를 받았다.

주인이 떠난 다음 첫 번째 하인은 달런트 다섯 개를 이용해 장사를 해서 다시 다섯 개를 벌었다. 두 번째 하인도 달런트 두 개를 이용해 다시 두 개를 벌었다. 세 번째 하인은 달런트를 그냥 땅에 묻어두었다.

시간이 흘러 주인이 돌아와 하인들과 셈을 했다.

주인은 첫 번째 하인이 달런트를 다섯 개 벌었다는 것을 듣고 이렇게 말했다. "잘하였다, 착하고 성실한 하인아! 네가 작은 일에 성실하였으니 이제 내가 너에게 많은 일을 맡기겠다. 와서 네 주인과 함께 기쁨을 나누어라."

두 번째 하인이 달런트 두 개를 벌었다는 것을 듣고 "잘했다, 착하고 성실한 하인아! 네가 작은 일에 성실하였으니 이제 내가 너에게 많은 일을 맡기겠다. 와서 네 주인과 함께 기쁨을 나누어라." 하고 말했다.

세 번째 하인이 달런트를 땅에 묻었다는 소리를 듣고 주인은 하인을 나무라며 그 한 개마저 빼앗아 열 개 가진 하인에게 주었다.

이 이야기의 끝에는 '누구든지 가진 자는 더 받아 넉넉하고, 가진 것이 없는 자는 가진 것마저 빼앗길 것이다.'라고 적혀있다.

미국의 유명한 과학철학자 머튼(Robert K. Merton)도 "사람들은 저명한 과학자가 성과를 내면 더 많은 명예와 찬사를 보내고, 무명의 과학자의 성과는 인정하지 않으려 한다."고 말한 바 있다.

사실 사회의 많은 분야에서 이와 비슷한 현상이 나타난다. 사회는 많이 가진 사람에게 더 많이 주고, 적게 가진 사람에게 더 인색한 경향이 있기 때문이다. 이것을 '마태효과'라고 한다.

이야기 심리학

사회는 이미 유명해진 사람에게 더 많은 명예를 준다. 예를 들어 어떤 사람이 유명해지면 그의 연구 성과와 아직 다듬어지지 않은 '원고'는 물론 대충대충 만들어낸 '졸작'까지 모두 '걸작'으로 평가한다. 심지어 그의 일거수일투족이 모두 모범이 된다. 아인슈타인(Albert Einstein) 의 말처럼 '나의 중얼거림조차 나팔 소리처럼 확대되는' 것이다.

반면에 사회는 무명의 인재들이 보여준 사회적 공헌과 노력, 성과 에 대해서는 무관심하다. 그들은 유명인사가 아니기 때문이다.

'마태효과'는 기업의 인력자원 관리에도 적용된다. 기업이 능력에 따라 인재를 적재적소에 배치하면 인재는 능력을 최대한 발휘해 큰 효과를 낼 수 있다. 앞의 이야기에서 주인이 하인의 능력에 따라 다른 임무를 맡긴 것은 매우 합리적인 처사다. 물론 인재에 대한 판단은 한 번으로 끝나서는 안 된다. 시간을 두고 합리적인 시각으로 인재를 바 라봐야 한다.

마태효과는 사회의 빈부 차이를 설명할 때도 자주 이용된다. 돈이 돈을 번다는 것은 이미 축적된 자본은 더 많은 돈을 벌 수 있는 기반 이 된다는 뜻이다. 이와 반대로 가난한 사람은 돈도 없고 다른 자원도 적어 돈 벌기가 더 어려운 것이다.

마태효과는 사회의 불공평 현상에 주의를 기울이게 한다. 유명 인사나 '무명의 후진들' 할 것 없이 모두 공평하게 대하고, 가능한 한 인재를 많이 양성해야 한다. 한편 빈부 차이가 심각한 사회에서는 정부가 자원과 수입을 합리적으로 조절하고 분배해 모든 사람이 비교적 균등한 기회를 누릴 수 있게 해야 한다.